中国出版"走出去"重点图书出版计划立项
北大主干基础课教材立项
北大版商务汉语教材·新丝路商务汉语速成系列

新丝路
New Silk Road Business Chinese
中级速成商务汉语 I

李晓琪　主编

崔华山　编著

北京大学出版社
PEKING UNIVERSITY PRESS

图书在版编目(CIP)数据

新丝路:中级速成商务汉语I / 李晓琪主编. —北京:北京大学出版社,2009.5
(北大版商务汉语教材·新丝路商务汉语速成系列)
ISBN 978-7-301-13719-2

Ⅰ.新… Ⅱ.李… Ⅲ.商务–汉语–对外汉语教学–教材 Ⅳ.H195.4

中国版本图书馆CIP数据核字(2008)第058504号

书　　　名:**新丝路——中级速成商务汉语I**
著作责任者:李晓琪　主编　崔华山　编著
责 任 编 辑:孙　娴 suzannex@126.com
插　　　图:李　云
标 准 书 号:ISBN 978-7-301-13719-2/H·1975
出 版 发 行:北京大学出版社
地　　　址:北京市海淀区成府路205号　　100871
网　　　址:http://www.pup.cn
电　　　话:邮购部 62752015　发行部 62750672　编辑部 62752028　出版部 62754962
电 子 邮 箱:zpup@pup.pku.edu.cn
印　刷　者:北京大学印刷厂
经　销　者:新华书店
　　　　　　889毫米×1194毫米　大16开　8.25印张　221千字
　　　　　　2009年5月第1版　2017年11月第5次印刷
定　　　价:46.00元(含1张MP3)

总　序

　　近年来,随着中国经济的持续快速发展,中国与其他国家贸易交流往来日益密切频繁,中国在国际社会的政治经济和文化影响力日益显著,与此同时,汉语正逐步成为一个重要的世界性语言。

　　与此相应,来华学习汉语和从事商贸工作的外国人成倍增加,他们对商务汉语的学习需求非常迫切。近年来,国内已经出版了一批有关商务汉语的各类教材,为缓解这种需求起到了很好的作用。但是由于商务汉语教学在教学理念及教学方法上都还处于起步、探索阶段,与之相应的商务汉语教材也在许多方面都存在着进一步探索和提高的空间。北京大学对外汉语教育学院自2002年起受中国国家汉语国际推广领导小组办公室的委托,承担中国商务汉语考试(BCT)的研发,对商务汉语的特点及教学从多方面进行了系统研究,包括商务汉语交际功能、商务汉语交际任务、商务汉语语言知识以及商务汉语词汇等,对商务汉语既有宏观理论上的认识,也有微观细致的研究;同时学院拥有一支优秀的多年担任商务汉语课程和编写对外汉语教材的教师。为满足社会商务汉语学习需求,在认真研讨和充分准备之后,编写组经过3年的努力,编写了一套系列商务汉语教材,定名为——新丝路商务汉语教程。

　　本套教程共22册,分三个系列。

　　系列一,综合系列商务汉语教程,8册。本系列根据任务型教学理论进行设计,按照商务汉语功能项目编排,循序渐进,以满足不同汉语水平的人商务汉语学习的需求。其中包括:

　　初级2册,以商务活动中简单的生活类任务为主要内容,重在提高学习者从事与商务有关的社会活动的能力;

　　中级4册,包括生活类和商务类两方面的任务,各两册。教材内容基本覆盖与商务汉语活动有关的生活、社交类任务和商务活动中的常用业务类任务;

高级2册,选取真实的商务语料进行编写,着意进行听说读写的集中教学,使学习者通过学习可以比较自由、从容地从事商务工作。

系列二,技能系列商务汉语教程,8册,分2组。其中包括:

第1组:4册,按照不同技能编写为听力、口语、阅读、写作4册教材。各册注意突出不同技能的特殊要求,侧重培养学习者某一方面的技能,同时也注意不同技能相互间的配合。为达此目的,技能系列商务汉语教材既有分技能的细致讲解,又按照商务汉语需求提供大量有针对性的实用性练习,同时也为准备参加商务汉语考试(BCT)的人提供高质量的应试培训材料。

第2组:4册,商务汉语技能练习册。其中综合练习册(BCT模拟试题集)2册,专项练习册2册(一本听力技能训练册、一本阅读技能训练册)。

系列三,速成系列商务汉语教程,6册。其中包括:

初级2册,以商务活动中简单的生活类任务为主要内容,重在提高学习者从事与商务有关的社会活动的能力;

中级2册,包括生活类和商务类两方面的任务。教材内容基本覆盖与商务汉语活动有关的生活、社交类任务和商务活动中的常用业务类任务;

高级2册,选取真实的商务语料进行编写,着意进行听说读写的集中教学,使学习者通过学习可以比较自由、从容地从事商务工作。

本套商务汉语系列教材具有如下特点:

1. 设计理念新。各系列分别按照任务型和技能型设计,为不同需求的学习者提供了广泛的选择空间。

2. 实用性强。既能满足商务工作的实际需要,同时也是BCT的辅导用书。

3. 覆盖面广。内容以商务活动为主,同时涉及与商务活动有关的生活类功能。

4. 科学性强。教材立足于商务汉语研究基础之上,吸取现有商务汉语教材成败的经验教训,具有起点高、布局合理、结构明确、科学性强的特点,是学习商务汉语的有力助手。

总之,本套商务汉语系列教材是在第二语言教材编写理论指导下完成的一套特点鲜明的全新商务汉语系列教材。我们期望通过本套教材,帮助外国朋友快速提高商务汉语水平,快速走进商务汉语世界。

新丝路商务汉语系列教材编写组

于北京大学勺园

新丝路商务汉语系列教材总目

新丝路商务汉语综合系列	李晓琪　主编
新丝路初级商务汉语综合教程 Ⅰ	章　欣　编著
新丝路初级商务汉语综合教程 Ⅱ	章　欣　编著
新丝路中级商务汉语综合教程(生活篇) Ⅰ	刘德联　编著
新丝路中级商务汉语综合教程(生活篇) Ⅱ	刘德联　编著
新丝路中级商务汉语综合教程(商务篇) Ⅰ	蔡云凌　编著
新丝路中级商务汉语综合教程(商务篇) Ⅱ	蔡云凌　编著
新丝路高级商务汉语综合教程 Ⅰ	韩　熙　编著
新丝路高级商务汉语综合教程 Ⅱ	韩　熙　编著

新丝路商务汉语技能系列	李晓琪　主编
新丝路商务汉语听力教程	崔华山　编著
新丝路商务汉语口语教程	李海燕　编著
新丝路商务汉语阅读教程	林　欢　编著
新丝路商务汉语写作教程	林　欢　编著
新丝路商务汉语考试阅读习题集	李海燕　编著
新丝路商务汉语考试听力习题集	崔华山　编著
新丝路商务汉语考试仿真模拟试题集 Ⅰ	李海燕　林　欢　崔华山　编著
新丝路商务汉语考试仿真模拟试题集 Ⅱ	李海燕　崔华山　林　欢　编著

新丝路商务汉语速成系列	李晓琪　主编
新丝路初级速成商务汉语 Ⅰ	蔡云凌　编著
新丝路初级速成商务汉语 Ⅱ	蔡云凌　编著
新丝路中级速成商务汉语 Ⅰ	崔华山　编著
新丝路中级速成商务汉语 Ⅱ	崔华山　编著
新丝路高级速成商务汉语 Ⅰ	李海燕　编著
新丝路高级速成商务汉语 Ⅱ	李海燕　编著

适用对象

本教材是新丝路商务汉语教材速成系列的中级部分,是一部任务型的口语教材,分上下两册,每册10课,适合中等水平的汉语学习者使用。

编写原则

本教材上下两册均以功能项目为纲进行编排,以任务型教学理论为指导,希望学习者在学习之后,能运用所学知识完成相应的交际任务。教材所选内容均是生活和商务工作中常见的交际任务。上下册分工有所不同,上册选取的多是生活类任务,例如接打电话、预订宾馆、商场购物、银行业务、购买车票等;下册的项目基本以商务类任务为主,例如参观工厂、公司会议、介绍产品、询价报价、签订合同等。每课课文基本上由两篇对话和一篇短文组成,篇幅都不长,力求简短以便学习、掌握。

练习设计

本教材是一部任务型口语教材,旨在加强学生的口头表达和口语交际能力,练习设计紧紧围绕这一目的展开。

练习中的"练一练"从课文中提炼出多个重点项目,逐个进行强化练习,每一个项目下面除了课文中的例句之外还给出了多种表达方式,帮助学生扩展学习内容,练习在不同情况下使用不同的表达方式完成某一具体任务。练习中的"试一试"部分则在"练一练"的基础上,要求学生把所学的各个重点项目综合起来完成一个完整的交际任务。

此外,我们还针对商务汉语考试(BCT)的口语测试设计了限定时间和表达内容的个人陈述,一方面帮助考生适应、准备商务汉语考试,另一方面强化学习者的口语表达能力。

所需学时

我们建议每课5—6个学时,学完一册大概需要60个课时。

特别说明

　　商务汉语教材的编写必然涉及较多的专业知识，任务型教材的设计理念也要求力求真实，但是考虑到学习者的汉语水平及学习目的，我们对一些任务做了简化处理，加之编者商务专业知识有限，因此本书的缺漏与不足在所难免，我们真诚地希望使用者提出宝贵意见和建议。

致谢

　　在本教材编写的过程中，主编李晓琪教授就编写原则、大纲设计、练习方式以及许多细节问题都给予了悉心指导，北京大学出版社的孙娴编辑做了大量认真细致的工作，提出了很好的修改意见，在此一并致以衷心的感谢！

编者

目 录

幸会幸会

1

（在机场）

李建明：您好！请问您是美国国际贸易公司的史密斯先生吗？

史密斯：是的。请问您是……

李建明：我是五星电器集团的公关部主任李建明,公司派我来接您。

史密斯：李先生您好,谢谢您来接我。飞机晚点了一个多小时,让您久等了。

李建明：没什么。这是我的名片,您在北京期间有什么问题都可以和我联系。

史密斯：那以后要多麻烦您了。这是我的名片,请多多关照。

李建明：您太客气了。公司的车在停车场等我们,我帮您拿行李,我们走吧。

史密斯：多谢！

 生词 New words

1. 幸会　　　　xìnghuì　　　（动）　　nice to meet you
2. 贸易　　　　màoyì　　　　（名）　　trade

1

3. 集团	jítuán	（名）	group
4. 公关部	gōngguānbù	（名）	public relations department
5. 主任	zhǔrèn	（名）	director
6. 派	pài	（动）	to send
7. 晚点	wǎndiǎn	（动）	to be delayed, to be late
8. 名片	míngpiàn	（名）	business card, name card
9. 期间	qījiān	（名）	period
10. 关照	guānzhào	（动）	to take care of, to look after
11. 行李	xíngli	（名）	baggage, luggage

专名 Proper noun

1. 美国国际贸易公司	Měiguó Guójì Màoyì Gōngsī	American International Trade Company
2. 史密斯	Shǐmìsī	Smith
3. 五星电器集团	Wǔxīng Diànqì Jítuán	Wuxing Electric Inc.
4. 李建明	Lǐ Jiànmíng	name of a person

 填一填 Fill in the blanks

我叫李建明，是一家电器集团的（　　　）主任，今天公司（　　　）我去机场接美国一家（　　　）公司的史密斯先生。飞机（　　　）了，我等了一个多小时史密斯先生才到。我们交换了（　　　），我帮他拿着（　　　）上了车。

 练一练 Let's practise

一、说明职务[1]和姓名 Position and name

您		美国国际贸易公司			史密斯先生吗？
我	是	五星电器集团	的	公关部主任	李建明。
她		中国国际贸易公司		经理	王丽女士。

[1] 职务　zhíwù　（名）　post, position

☆练习一 Exercise 1☆
介绍一下儿下面这些人。
Introduce the following people.

北京东风汽车集团

张　红
办公室主任

地址:北京市西城区长安街80号
电话:87651234
传真:87651233
手机:13910112822
Email: zhang@ hotmail.com

英国ABC贸易公司

玛　丽

电话:010-66553321
传真:010-66553311
Email: mary@yahoo.com

广东银行

李经方
行长

地址:广州市东城区东四大街16号
电话:020-52345618
传真:020-52345618
手机:13800138008
Email: fang@163.com

你的名片呢？

Design your card ,
then introduce yourself.

二、机场接人 Meeting guests at the airport

A: 您好！请问您是美国国际贸易公司的史密斯先生吗?

B₁: 是的。请问您是……
A: 我是五星电器集团的公关部主任李建明,公司派我来接您。
B: 李先生您好,谢谢您来接我。

B₂: 不是,您认错人了。
A: 对不起(,我认错人了)。

☆练习二 Exercise 2☆
两人一组模拟接机情景。根据下面表格提供的信息选择一个角色按照提示组织对话,然后进行交换角色练习。
Work in pairs. Practise meeting guests at the airport. Choose your own role from the tables below to complete the conversations. Then exchange roles.

提示 Hints

A: 你好！请问_____?
B: ……
A: 我是_____,_____公司_____。
B: ……

A：你好！请问_____?
B：不是。
A：_____。

（一）

	姓名	职务	公司
客人	史密斯	总经理	美国国际贸易公司
接机者	张红	办公室主任	北京东风汽车集团

（二）

	姓名	职务	公司
客人	李经方	行长	北京银行
接机者	玛丽		英国ABC公司

三、交换名片 Exchanging business cards

（一）

A：这是我的名片，您在北京期间有什么问题都可以和我联系。
B：那以后要多麻烦您了。这是我的名片，请多多关照。

（二）

A：这是我的名片，请多多关照(/以后常联系)。
B：这是我的名片，请多多关照。

试一试 Let's try

请参考课后附录中的公司名称和职务，每个人做一张名片，完成下面两个练习：
（1）交换名片；
（2）根据名片向大家介绍你和你的同伴。
Create a business card (see the Appendix behind) and do the following exercises:
1. Exchange business cards with your partner;
2. Introduce your partner and yourself to others.

2

（正式[1]见面）

李建明：我来介绍一下儿，这位是美国国际贸易公司的副总裁史密斯先生，这是我们公司的总经理王志东。

（双方握手）

王志东：幸会幸会！史密斯先生，我代表本公司对您的到来表示热烈的欢迎！

史密斯：谢谢王总经理，很高兴认识您。

王志东：请坐！我听说昨天您的飞机晚点了，一路上还顺利吧？

史密斯：飞机晚点了一个多小时，不过一路上还是挺顺利的。

王志东：您是第一次到北京来吗？

史密斯：是的。北京给我的第一印象非常好，我想我会喜欢这个城市的。

王志东：北京有很多名胜古迹，有时间我们会安排您去一些有名的地方看看。

史密斯：非常感谢。

 生 词 New words

1. 副	fù	（形）	vice-, associate
2. 总裁	zǒngcái	（名）	president
3. 代表	dàibiǎo	（动）	to represent
4. 热烈	rèliè	（形）	warmly
5. 顺利	shùnlì	（形）	smooth
6. 印象	yìnxiàng	（名）	impression
7. 名胜古迹	míngshèng gǔjì		places of historic interest and scenic beauty
8. 安排	ānpái	（动）	to arrange

专 名 Proper noun

王志东　　Wáng Zhìdōng　　name of a person

---

[1] 正式　zhèngshì　（形）　formal

 填一填 Fill in the blanks

今天我和美国国际贸易公司的副（　　）史密斯先生见了面，我（　　）我们公司对他表示热烈的（　　）。昨天史密斯先生的飞机晚点了，但是他说一路上挺（　　）的。这是他第一次来北京，北京给他的（　　）非常好。我告诉他北京有很多（　　），我们会（　　）他去参观。

 练一练 Let's practise

一、正式介绍 Formal introduction

> 我来介绍一下儿，这（位）是美国国际贸易公司的副总裁史密斯先生，这（位）是我们公司的总经理王志东。

☆练习一 Exercise 1☆
三个人一组，A介绍B和C，包括姓名、单位、职务等。B和C互相问候，然后互换角色。
Work in groups of three people. Student A introduces B and C to each other including the following information: name, company and position. B and C greet each other. Then exchange roles.

提示 Hints

> A：我来介绍一下儿，这位是……，这位是……
> B：……你好！很高兴认识你。
> C：……幸会幸会！

二、表示欢迎 Welcoming guests

A：

> 幸会幸会！
> 很高兴认识您，　史密斯先生，
> 我们又见面了，

> 我代表本公司对您的到来表示热烈的欢迎！
> 欢迎您到我们公司来。
> 欢迎您到北京来。

B：

> 谢谢王总经理。
> 多谢多谢！很高兴认识您。
> 以后请多多关照。
> 很高兴能有机会和你们合作[1]。

---

[1] 合作　hézuò　（动）　to cooperate

☆练习二 Exercise 2☆

三个人一组,把"正式介绍"和"表示欢迎"结合起来练习。

Practise "Formal introduction" and "Welcoming guests" together in groups of three.

三、寒暄[1] Making small talk

（1）旅途情况 About the trip

A：一路上还顺利吧?

B₁：飞机晚点了一个多小时,不过一路上还是挺顺利的。

B₂：一路上非常顺利。

（2）城市或国家 About the city or country

A：您是第一次到北京来吗?

B：是的。北京给我的第一印象非常好,我想我会喜欢这个城市的。

A：北京有很多名胜古迹,有时间我们会安排您去一些有名的地方看看。

（3）住宿情况 About the accommodation

A：您对宾馆(/宾馆的服务)满意吗?

B：宾馆很干净(/豪华[2]),服务也很好,我非常满意

A：昨天休息得怎么样?

B：休息得很好,多谢关心。

（4）天气情况 About the weather

A：北京的天气您习惯(/适应[3])吗?

B₁：还不错,挺习惯的。

B₂：北京太冷(/热/干)了,有点儿不太习惯。

A：这几天北京很冷(/很热)。

B：是啊,没想到北京这么冷(/热),东京没有这么冷(/热)。

☆练习三 Exercise 3☆

在会谈正式开始以前双方一般要寒暄一下,可以谈论以上几方面的内容。两人一组进行练习,至少谈论两方面内容。

Practise in pairs. Make sure the content you are talking about covers at least 2 of the above points.

四、"本"的用法（1）Usage of the word "本"(1)

1. 我代表本公司对您的到来表示热烈的欢迎!
2. 本店主要销售各种服装。
3. 本市的名胜古迹很多,这是您第一次来,我们会安排您去参观。
4. 现在很多大公司都在使用本厂的产品。

---

[1] 寒暄　hánxuān　（动）　to make small talk
[2] 豪华　háohuá　（形）　luxurious
[3] 适应　shìyìng　（动）　to get used to

☆练习四 Exercise 4☆

根据下面句子的意思,用"本"来说一说。

Paraphrase the following sentences with "本".

例:您觉得我们饭店的服务怎么样? ────➤ 您觉得本店的服务怎么样?

1. 我们工厂生产电视、空调、冰箱等家电。

2. 这是我们公司的最新产品。

3. 我们学校一共有20000多名学生。

4. 五星电器集团是我们市最大的一家电器公司。

试一试 Let's try

把前三个练习合起来,三个人一组模拟正式见面的场景,按照下面的顺序进行:

(1) A介绍B和C;

(2) B欢迎C;

(3) B和C寒暄。

Combine Exercise 1, 2 and 3 together. Work in groups of three and create a dialogue in the following order:

(1) Student A introduces students B and C to each other.

(2) B welcomes C.

(3) B and C make small talk.

3

我叫李成恩,韩国人,1988年毕业于首尔大学中文系,1990年来到中国留学,1994年从北京大学中文系毕业,获得硕士学位,现在在一家韩国贸易公司工作,主要负责中国市场的业务。我的工作业绩不错,最近老板把我提升为部门经理了。

部门经理

生词 New words

1. 毕业	bì yè		to graduate
2. 获得	huòdé	(动)	to obtain, to get
3. 硕士	shuòshì	(名)	master
4. 学位	xuéwèi	(名)	academic degree

5. 负责	fùzé	（动）	to be in charge of, to be responsible for
6. 业务	yèwù	（名）	business
7. 业绩	yèjì	（名）	business achievement
8. 提升	tíshēng	（动）	to promote
9. 部门	bùmén	（名）	department

专名 Proper noun

1. 李成恩	Lǐ Chéng'ēn	name of a person
2. 韩国	Hánguó	Korea
3. 首尔大学	shǒu'ěr Dàxué	Seoul National University
4. 北京大学	Běijīng Dàxué	Peking University

填一填 Fill in the blanks

个人信息		
姓 名		
国 籍		
教育情况		
时 间	学 校	学 位
1984—1988		学 士[1]
工作情况		
公 司	职 务	工作内容
韩国××贸易公司		负责中国市场业务

练一练 Let's practise

V＋于＋……

> 1. 他1988年毕业于首尔大学中文系。
> 2. 这种咖啡产于巴西。
> 3. 我生于北京，但很小就去了上海，是在上海长大的。
> 4. 他生于北京，长于北京，是土生土长的北京人。

☆练习 Exercise☆

用"V＋于……"做下面的问答练习。

Answer the questions with "V＋于……".

---

[1] 学士　xuéshì　（名）　bachelor

1. 你是哪个大学毕业的？哪个系？

　　_____。

2. 你是在哪儿出生的？

　　_____。

3. 你知道中国很有名的龙井茶是哪儿生产的吗？(参考下面的图表)

　　_____。

中国四大名茶及产地	
茶　叶	产　地
西湖龙井	浙江杭州
碧螺春(Bìluóchūn)	江苏(Jiāngsū)太湖
信阳毛尖(Xìnyáng Máojiān)	河南信阳车云山
君山银针(Jūn Shān Yínzhēn)	湖南君山

 说一说 Let's talk

仿照课文做一个较长的自我介绍,包括姓名、国籍、毕业学校、专业、所在公司、职务、工作业绩等。可以参考下面的句式。

Now prepare and give an introduction of yourself. Make sure you cover the following points: name, nationality, school, major, company, position, business achievements and so on. Below are some sentences that you may use.

1. 我xxxx年毕业于
> 东京大学
> 首尔大学中文系
> 牛津(Niújīn)大学历史系
> 哈佛(Hāfó)大学法学院
> 北京大学经济学院

[,获得硕士(/博士[1])学位]。

2. 我xxxx年从
> 首尔大学
> 剑桥(Jiànqiáo)大学
> 普林斯顿(Pǔlínsīdùn)大学
> 清华大学计算机系

毕业[,获得硕士(/博士)学位]。

3. 我在
> IBM
> 中国银行
> 五星电器集团公关部
> 东风汽车公司市场部
> 一家韩国贸易公司

工作,
> 是市场部经理。
> 负责人事工作。
> 是部门主任。
> 负责销售工作。
> 负责中国市场的业务。

4. 我是北京大学经济学院四年级的学生,明年6月毕业,我对销售很感兴趣,希望毕业以后能做销售工作。

试一试 Let's try

两个人一组完成面试[1]时的对话。Complete the interview dialogue in pairs.

A 同学	B 同学
A：你好！我是人事部的_____，我主要负责_____，欢迎你来参加本公司的面试。	A：……
B：……	B：_____！很高兴有机会参加这次面试。
A：请你简单介绍一下你的情况吧。	A：……
B：……	B：_____（学校、专业、学位、工作情况）
A：你是怎么知道我们公司的？	A：……
B：……	B：我读大学的时候就知道了，希望毕业以后_____
A：你想做什么工作？	A：……
B：……	B：_____

附录 Appendix

世界企业500强前20名（2008年）
2008 World's Top 500 Enterprises (1—20)

	公司名称	中文名称	总部所在地	主要业务
1	Wal-Mart Stores	沃尔玛百货公司	美国	一般商品零售
2	Exxon Mobil	埃克森美孚公司	美国	炼油
3	Royal Dutch/Shell Group	壳牌石油集团	英国/荷兰	炼油
4	BP	英国石油公司	英国	炼油
5	Toyota Motor	丰田汽车公司	日本	汽车与零件
6	ChevronTexaco	雪佛龙德士古公司	美国	炼油
7	ING Group	荷兰国际集团	荷兰	人寿健康保险
8	Total	道达尔公司	法国	炼油
9	General Motors	通用汽车公司	美国	汽车与零件
10	Conoco Phillips	康菲公司	美国	炼油
11	Daimler Chrysler	戴姆勒克莱斯勒公司	德国	汽车与零件
12	General Electric	通用电气公司	美国	多元化公司
13	Ford Motor	福特汽车公司	美国	汽车与零件
14	FORTIS	富通集团	比利时/荷兰	银行
15	AXA	安盛公司	法国	人寿健康保险
16	SINOPEC	中国石油化工集团公司	中国	炼油
17	CitiGroup	花旗集团	美国	商业与储蓄银行
18	Volkswagen	大众汽车公司	德国	汽车与零件
19	DEXIA	德克夏银行	比利时	银行
20	HSBC	汇丰控股	英国	银行

[1] 面试 miànshì （动） to interview

中国企业500强前20名（2007年）
2007 Top 500 Enterprises in China (1—20)

名次	企业名称	地区
1	中国石油化工集团公司	北京
2	中国石油天然气集团公司	北京
3	国家电网公司	北京
4	中国工商银行股份有限公司	北京
5	中国移动通信集团公司	北京
6	中国银行	北京
7	中国南方电网有限责任公司	广东
8	中国人寿保险（集团）公司	北京
9	中国电信集团公司	北京
10	中国农业银行	北京
11	中国中化集团公司	北京
12	宝钢集团有限公司	上海
13	中国铁路工程总公司	北京
14	中国建设银行股份有限公司	北京
15	中国铁道建筑总公司	北京
16	中国第一汽车集团公司	吉林
17	百联集团有限公司	上海
18	中国建筑工程总公司	北京
19	上海汽车工业（集团）总公司	上海
20	中粮集团有限公司	北京

中国企业500强前20名（2008年）
2008 Top 500 Enterprises in China (1—20)

名次	企业名称	地区
1	中国石油化工集团公司	北京
2	国家电网公司	北京
3	中国石油天然气集团公司	北京
4	中国工商银行股份有限公司	北京
5	中国移动通信集团公司	北京
6	中国人寿保险（集团）公司	北京
7	中国建设银行股份有限公司	北京
8	中国银行	北京
9	中国农业银行	北京
10	中国南方电网有限责任公司	广东
11	中国中化集团公司	北京
12	宝钢集团有限公司	上海
13	中国电信集团公司	北京
14	中国第一汽车集团公司	吉林
15	鸿富锦精密工业(深圳)有限公司	深圳
16	中国中铁股份有限公司	北京
17	中国铁建股份有限公司	北京
18	上海汽车工业（集团）总公司	上海
19	中国建筑股份有限公司	北京
20	东风汽车公司	湖北

常见职务
Positions in a Company

董事长（dǒngshìzhǎng）	Chairman
总经理	General Manager
总裁	President
CEO	Chief Executive Officer
厂长	Factory Director
行长	President/Head of a bank
总经理助理	General Manager Assistant
地区(dìqū)经理	Regional Manger
业务部经理	Business Manager
财务部(cáiwùbù)经理	Fund Manager
市场部(shìchǎngbù)经理	Market Manager
销售部(xiāoshòubù)经理	Sales Manager
生产部(shēngchǎnbù)经理	Product Manager
人事部经理	Personnel Manager
职员(zhíyuán)	Clerk
会计(kuàiji)	Accountant
秘书(mìshu)	Secretary
接待员(jiēdàiyuán)	Receptionist

第二课

我想预订一个房间

1

（电话铃声[1]）

女：喂，你好！北京饭店前台。

男：你好！我们公司有位重要的客户6月10号到达北京，我想给他预订一个房间。

女：您想订什么样的房间？

男：一个商务套间。

女：要住多长时间？

男：从6月10号到17号，一共7天。

女：我查一下……没问题，我们有空房。先生，请问您贵姓？

男：我姓李，李建明，"建设"的"建"，"明天"的"明"，是五星电器集团的。

女：您能给我们留个联系电话吗？

男：6226-1588。

女：6-2-2-6-1-5-8-8。您还有别的要求吗？

男：没有了，谢谢你！

女：不用客气，再见。

---

[1] 铃声　língshēng　（名）　ring

生 词 New words

1. 前台	qiántái	（名）	reception desk
2. 客户	kèhù	（名）	client, customer
3. 到达	dàodá	（动）	to arrive
4. 预订	yùdìng	（动）	to reserve
5. 商务	shāngwù	（名）	business
6. 套间	tàojiān	（名）	a suite in a hotel
7. 查	chá	（动）	to check
8. 空房	kōngfáng	（名）	vacant room
9. 要求	yāoqiú	（名）	request

填一填 Fill in the blanks

　　五星电器集团的李建明给北京饭店（　　　）打电话,他们公司有位重要的（　　　）要来北京,他想给他（　　　）一个（　　　）套间。这位客人6月10号（　　　）北京,17号离开,一共住7天。饭店服务员（　　　）了一下告诉他有（　　　）,可以预订,李建明留了自己的联系电话。

练一练 Let's practise

一、预订房间 Reserving a room

A₁: 我想给他预订一个房间。	A₂: 我想预订(/订)一个房间。
B: 您想订什么样的房间?	
A₁: 一个商务套间。	A₂: 两个标准间¹。
A₃: 两个单人间²。	A₄: 一个双人间³。
B: 要住多长时间?	
A: 从6月10号到17号,一共7天。	
B: 我查一下……没问题,我们有空房。	

☆练习一 Exercise 1☆
两个人一组练习预订房间,下面是入住人和要住的房间类型。
Practise reserving rooms in pairs, using the information below.

---

¹ 标准间　biāozhǔnjiān　（名）　standard room
² 单人间　dānrénjiān　（名）　single room
³ 双人间　shuāngrénjiān　（名）　double room

入住人	房间类型	住宿时间
你	标准间	7月1号—7月2号
你们公司客户	商务套间	9月16号—9月23号
你们公司总经理	套间	11月12号

二、没有预订，直接[1]入住 Check in without a reservation

A：请问还有空房(间)吗？我想要两个标准间。
B：我查一下……我们有空房，您要住多长时间？
A₁：三天(/三个晚上)。　　　A₂：五天，20号退房[2]。

☆练习二 Exercise 2☆
两个人一组，练习住宾馆或饭店时在前台的这段对话。
Practise the conversation in pairs.

三、没有空房间 When all the rooms are booked

（一）

A：我想订一个房间。
B：请问您想什么时候住？
A：从6月10号到17号，共7天。
B：对不起，那个时候的房间都订满了。

（二）

A：我想要两个标准间(/一个套间)，请问还有空房吗？
B：不好意思，没有空房了，都住满了。

☆练习三 Exercise 3☆
两个人一组，练习上面的对话。
Practise the above conversations in pairs.

📝 记一记 Let's remember

中国人在介绍自己的姓名时，为了让对方听清楚或写下来，常常把自己名字的每一个字放到一个词中解释一下，如对话1中李建明这么解释自己的名字：
When Chinese people introduce themselves, they often explain the characters of their names in order to ensure that others hear clearly or write down. In text 1 Li Jianming introduces himself like this:

> 我姓李，李建明，"建设"的"建"，"明天"的"明"。

---

1 直接　zhíjiē　（形）　direct
2 退房　tuì fáng　to check out

☆练习 Exercise☆

两个人一组练习对话。A询问对方的名字,并记下来。B从左边的表格中选一个名字,并向对方解释这个名字。你们可以这样开始:

Create a similar conversation in pairs. Student A: ask your partner's name and write it down. Student B: tell your partner the name, from the name list below. You can start like this:

 提示 Hints

A:请问您贵姓?/您怎么称呼?
B:我姓_____,(我叫)_____,……

A 同学
1. _____
2. _____
3. _____
4. _____

B 同学	
第1组	第2组
李东国	黄易文
王达贵	周华建
张子城	陈 好
刘 欢	李 丽

试一试 Let's try

你是一家贸易公司的经理,要到北京出差。给北京饭店的前台打电话预订一个房间。两个人一组练习这段对话并完成客房预订单。

You, as a manager of a trade company, are going on a business trip to Beijing. Reserve a room by telephone. Role play with your partner. He/she will ask you some questions to complete the reservation form below.

 提示 Hints

A:喂,你好!北京饭店前台。
B:你好!我10月20号要到北京,想……
……

北京饭店客房预订单			
客房种类		数量	
入住日期		退房日期	
预订人姓名		公司名称	三星贸易公司
联系电话		其他要求	
客房价格:标准间——780元;套间——980元; 单人间——680元;商务套间——1180元			

2

（在饭店前台）

服务员：你好！

史密斯：你好！我是美国国际贸易公
　　　　司的史密斯，我预订了一个
　　　　房间。

服务员：史密斯先生，请稍等，我查一下。

史密斯：是五星电器集团的李建明先
　　　　生为我订的。

服务员：查到了，他给您订了一个商务套间，从10号到17号，对吗？

史密斯：没错，我17号退房。

服务员：我来为您办理入住登记手续，请出示您的护照。

（史密斯给服务员护照）

史密斯：顺便问一下，你们饭店有叫早服务吗？

服务员：有，您告诉前台起床时间就行，到时我们会给您房间打电话。
　　　　请您在这儿签名。

（史密斯签名）

服务员：登记手续办好了，您住1221房间，这是房卡。服务员会把您
　　　　的行李送到房间。

史密斯：谢谢你！

服务员：不用谢！

 生 词 New words

1. 稍等	shāoděng	（动）	to wait a moment
2. 退房	tuì fáng		to check out
3. 办理	bànlǐ	（动）	to process, to deal with
4. 登记	dēngjì	（动）	to check in
5. 手续	shǒuxù	（名）	procedure
6. 出示	chūshì	（动）	to show
7. 护照	hùzhào	（名）	passport
8. 顺便	shùnbiàn	（副）	by the way

9. 签名　　　　　qiān míng　　　　　　　　to sign one's name

10. 房卡　　　　　fángkǎ　　　（名）　　　room card, room key

? 猜一猜 Let's guess

根据上下文猜一猜什么是"叫早服务"。你知道饭店一般有哪些服务？

Guess what "叫早服务" is according to the context. Do you know other services in hotels?

填一填 Fill in the blanks

　　史密斯告诉服务员李建明先生给他预订了一个房间，他住 7 天，17 号（　　　）。服务员请他（　　　）护照，给他办理（　　　）手续。手续很简单，只要他（　　　）就可以了。办手续的时候，史密斯先生还（　　　）问了一下饭店有没有叫早服务。手续很快办好了，服务员给了他 1221 房间的（　　　），派人把行李送到了他的房间。

练一练 Let's practise

一、办理登记手续 Making Check-in procedures

A₁：你好！我是美国国际贸易公司的史密斯，我（/五星电器集团的李建明先生为我）预订了一个房间。

A₂：你好，我想要一个标准间（/套间/单人间）。

B：我查一下……好的，您要先办理登记手续，请出示您的护照（/证件[1]）。请在这儿签名。

☆练习一 Exercise 1☆

你到饭店前台办理登记手续，和同伴练习以上对话。

Work in pairs. Practise checking in at a hotel.

二、询问饭店的服务 Asking about services in a hotel

A：你们饭店提供[2]叫早服务（/洗衣服务/送餐[3]服务/订票服务）吗？

B₁：有，您告诉前台起床时间就行，我们会给您房间打电话。

B₁：对不起，没有。

B₂：有，如果您需要××服务可以给前台打电话。

B₂：对不起，我们没有这种服务。

---

[1] 证件　zhèngjiàn　（名）　ID certificate
[2] 提供　tígōng　（动）　to provide
[3] 送餐　sòng cān　food delivery

☆练习二 Exercise 2☆

问宾馆前台有没有下面的服务：叫早服务、送餐服务、打字[1]服务、复印[2]服务。

Ask the receptionist at the front desk if the following services are provided：morning call, room service, typing and copying.

三、"顺便"的用法 Usage of the word "顺便"

1. 顺便问一下，你们饭店有叫早服务吗?
2. 我去书店买地图，顺便买了一本书。
3. 我去上海出差，顺便去看我的朋友。

☆练习三 Exercise 3☆

请把下面两个句子用"顺便"连接起来说一说。

Make a new sentence with "顺便" by connnecting the two sentences.

例：A：他去超市买面包。
　　B：他发现可乐很便宜，又买了一瓶可乐。

　　　他去超市买面包（的时候），顺便买了一瓶可乐。

1. 他打电话预订房间。
　 他问了房间价格。

　　　　　　　　　　　　　　　　　　　　　　　　　　　　。

2. 王总经理向史密斯先生介绍了公司的情况。
　 王总经理向史密斯先生介绍了一些中国的情况。

　　　　　　　　　　　　　　　　　　　　　　　　　　　　。

3. 史密斯先生在前台办理登记手续。
　 史密斯先生问服务员有没有叫早服务。

　　　　　　　　　　　　　　　　　　　　　　　　　　　　。

---

[1] 打字　dǎ zì　to type
[2] 复印　fùyìn　（动）　to copy

3

京东宾馆是一家豪华的五星级宾馆。宾馆位于北京市中心,交通方便,开车30分钟可到达机场,步行20分钟可到达故宫。宾馆有标准间、单人间、豪华套间、商务套间等各种客房600多间,房间内可以免费上网。位于一楼的商务中心还可以提供打字、传真、复印等服务。

生 词 New words

1. 豪华	háohuá	（形）	luxurious
2. 五星级	wǔxīngjí	（形）	five-star
3. 位于	wèiyú	（动）	to be located in
4. 交通	jiāotōng	（名）	transportation
5. 步行	bùxíng	（动）	to walk, to go on foot
6. 客房	kèfáng	（名）	room
7. 免费	miǎnfèi	（动）	free of charge
8. 上网	shàng wǎng		to access to the internet
9. 提供	tígōng	（动）	to supply, to provide
10. 传真	chuánzhēn	（动）	to fax

专 名 Proper noun

1. 京东宾馆	Jīngdōng Bīnguǎn	Jingdong Hotel
2. 故宫	Gùgōng	the Palace Museum

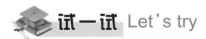 问一问 Let's ask

1. 京东宾馆是几星级的宾馆?
2. 京东宾馆在什么地方?交通怎么样?
3. 这家宾馆有什么样的客房?房间内可以上网吗?
4. 这家宾馆的商务中心提供什么服务?

试一试 Let's try

一位客人给京东宾馆前台打电话想预订房间,顺便想了解一些情况。根据课文内容,两个一组完成下面的对话。

A guest is calling Jingdong Hotel to reserve a room and he wants to know some other information as well. Complete the dialogue below with your partner.

A 同学

A：喂，你好！京东宾馆前台。

B：……

A：当然可以。

B：……

A：我们宾馆是＿＿＿＿，非常豪华。

B：……

A：＿＿＿＿，很好找。

B：……

A：交通＿＿＿＿，＿＿＿＿15分钟到达机场，＿＿＿＿20分钟＿＿＿＿故宫。

B：……

A：宾馆有＿＿＿＿、单人间、豪华套间、商务套间等各种＿＿＿＿。

B：……

A：一天880元。

B：……

A：1280元。

B：……

A：房间内可以＿＿＿＿。

B：……

A：一楼的商务中心＿＿＿＿打字、传真、＿＿＿＿等服务。

B：……

A：请问您什么时候入住？我要先查一下有没有空房。

B：……

A：好的，请稍等。

B 同学

A：……

B：喂，你好！我想＿＿＿＿两个房间。可以先了解一下你们宾馆的情况吗？

A：……

B：你们是几星级的＿＿＿＿？

A：……

B：那应该很不错。你们宾馆＿＿＿＿北京什么地方？

A：……

B：交通怎么样？

A：……

B：是很方便。你们有些什么样的客房？

A：……

B：标准间的价格是多少？

A：……

B：商务套间一天多少钱？

A：……

B：房间里能不能上网？

A：……

B：那就好，我每天都要上网。你们宾馆还＿＿＿＿什么服务？

A：……

B：很好，我想订一个＿＿＿＿和一个＿＿＿＿。

A：……

B：这个月19号到29号，29号＿＿＿＿。

A：……

附 录 Appendix

某饭店房价表 Room Rate

房间类型 Room Type	房价(人民币) Rate（RMB）
标准间 Standard Room	￥680
高级双人间 Superior Room	￥880
豪华房 Deluxe Room	￥980
豪华套房 Deluxe Suite	￥1280
商务套房 Business Suite	￥1380

◎以上价格另加15%服务费

　　All rates are subject to 15% surcharge

◎除非特殊要求,所有预订将保留至下午六时

　　Reservations will be held until 6:00pm unless prior arrangement have been made for a late check-in

◎12岁以下儿童与父母同住免费

　　Children under 12 stay free when sharing room with parents

◎入住时间为下午二时

　　Check-in time is 2:00 pm

◎退房时间为中午12:00

　　Check-out time is 12:00 noon

某饭店网上客房预订单
Reservation Form on the Internet

预订单			
姓名：	人　数：	2	
国籍/城市：	订房数：	1	
客房类型：	标准间 ▼		其他类型
入住日期：	2008-12-22		
退房日期：	200S8-12-24		
证件号码：			
联系电话：			
EMAIL：			
其他要求：			
	提交预订　　重新填写		

第三课

请他给我回电话

1

（电话铃声）

秘　书：喂，你好，五星电器集团总经
　　　　理办公室。

史密斯：喂，你好，请问王总在吗？

秘　书：请问您是哪位？

史密斯：我是美国国际贸易公司的史
　　　　密斯。

秘　书：史密斯先生，请稍等，我给您
　　　　转过去。（过了一会）很抱歉，
　　　　电话占线，您要留言吗？

史密斯：请转告王总，请他一会儿给我回电话。我住在北京饭店1221
　　　　房间，前台电话是6256—7188。

秘　书：1-2-2-1房间，6-2-5-6-7-1-8-8，我记下来了。

史密斯：谢谢你！

秘　书：不客气。

 生词 New words

1. 转	zhuǎn	（动）	to put through to
2. 抱歉	bàoqiàn	（形）	sorry

3. 占线	zhàn xiàn		(of a telephone line) to be busy
4. 留言	liú yán		to leave a message
5. 转告	zhuǎngào	（动）	to tell
6. 回（电话）	huí(diànhuà)	（动）	to call back
7. 记	jì	（动）	to write down

填一填 Fill in the blanks

王总,刚才美国国际贸易公司的史密斯先生来电话,不过当时您的电话(　　)。史密斯先生让我(　　)您他有很重要的事情,请您给他(　　)。他住在北京饭店 1221 房间,前台电话和房间号码我都(　　)下来了,写在这张纸上。

练一练 Let's practise

一、接电话 Answering a call

（一）
A：喂,你好! 五星电器集团总经理办公室。
B：喂,你好! 我是美国国际贸易公司的史密斯,请问王总在吗?
A：我就是。

（二）
A：喂,你好! 美国国际贸易公司公关部。
B：喂,你好! 请问史密斯先生在吗?
A：我就是。

（三）
A：喂,你好! 五星电器集团。
B：喂,你好! 我是美国国际贸易公司的史密斯,我找李建明先生。
A：请稍等。

（四）
A：喂,你好!
B：喂,你好! 请问是五星电器集团吗? 我找李建明主任。
A：请稍等,我给您转过去。

（五）
A：喂,你好! 北京饭店前台。
B：喂,你好! 请转 1221 房间(/请转分机[1] 1221)。
A：请稍等,我给您转过去。

---

[1] 分机　fēnjī　（名）　an extension (of a telephone system)

☆练习一 Exercise 1☆

1. 两个人一组读上面的对话。

   Read the dialogue above in pairs.

2. 根据名片选择一个角色,两个人一组练习打电话。

   The two people below are talking on the phone. Role play with your partner.

北京东风汽车集团

张　红

办公室主任

地址:北京市西城区长安街80号
电话:87651234
传真:87651233
手机:13910112822
Email: zhang@ hotmail.com

英国ABC贸易公司

玛　丽

电话:010-66553321
传真:010-66553311
Email: mary@yahoo.com

二、询问对方身份 Asking who is speaking

A₁: 请问您是哪位?	A₂: 请问您是哪里?
B: 我是美国国际贸易公司的史密斯。	

☆练习二 Exercise 2☆

根据练习一中的名片选择角色,两人一组练习打电话。这次打电话的人不主动介绍自己的姓名,由接电话的人来问。

Repeat exersice 1, this time the caller does not introduce himself/herself first, instead waiting to be asked.

三、占线或要找的人不在 Busy line or the person is not available

A:

(先说)	(然后说)
很抱歉,电话占线。	您要留言吗?
他不在。	您有什么事情我可以转告他。
他不在座位上。	让他给您回电话好吗?
很抱歉,李经理出去了。	您一会儿再打来好吗?

B:

我一会儿(/下午)再打吧。
麻烦你转告他,我明天有急事不能和他见面了。
请你转告他,回来以后给我打电话,我的电话是62567188。

☆练习三 Exercise 3☆

1. 两人一组读上面的对话。

   Read the dialogue above in pairs.

2. 你是公司秘书，有人打电话要找王志东总经理，按照以上内容练习对话。你们可以这样开始：

   You are a secretary. Someone calls for your general manager. Work in pairs to practise. You can start like this:

 提示 Hints

> A：喂，你好！五星电器集团总经理办公室。
> B：喂，你好！我是_____公司的_____。_____？
> A：_____您好！_____，_____？
> B：_____。

四、打错电话 Calling the wrong number

（一）

> A：喂，你好！五星电器集团公关部。
> B：你们不是三星公司吗？对不起，我打错电话了。

（二）

> A：喂，你好！
> B：喂，你好！请问张红主任在吗？
> A：我们这儿没有这个人，你（可能）打错电话了。
> B：对不起。

☆练习四 Exercise 4☆

两人一组练习上面的内容。

Practise the conversations above in pairs.

记一记 Let's remember

中国查号台[1]的电话是114，两个人练习给查号台打电话查电话号码，A看着左边的表格告诉B想知道的电话号码，B不要看左边的表格，把电话记下来写在右边的方框内。你们可以这样开始：

Now work in pairs. Call the the Directory Assistance 114 and ask for the number of the organization on the list below. Student A: look at the left box and tell the number that B wants. Student B: write down the number in the right box without looking at the left box. You can start like this:

💡 提示 Hints

> A：喂，你好！114查号台，请问您要查什么号码？
> B：你好！我想查_____的电话。
> A：好的，请稍候……请记录[1]（电话号码），请记录（重复号码）。

A	
北京外国语大学……………81661020	
北京五星电器集团……………37380512	
北京东风汽车集团……………68912315	
北京市第二百货大楼……63897699	
长城饭店…………………………83592211	
家乐福超市中关村分店…80589644	
三星公司北京分公司……41278359	
中国银行………………………83559423	

B	
长城饭店…………………… _____	
北京东风汽车集团………… _____	
北京五星电器集团………… _____	
三星公司北京分公司……… _____	

📖 排一排 Let's rearrange

两个人一组把下面的句子按原来对话的顺序排好，然后读一读。
Work in pairs. Rearrange the dialogue below then read aloud.

（1）

> A：请稍等，我给您转过去……对不起，226房间的电话占线，您要留言吗？
> A：喂，你好！北京饭店前台。
> B：谢谢，不用了，我一会儿再打。
> B：喂，你好！请转226房间，我想和史密斯先生通话。

（2）

> A：是吗？你们不是五星电器集团吗？我找你们总经理。
> A：很抱歉，我打错了，对不起。
> A：喂，你好，请问王志东总经理在吗？
> B：不是，我们是一所中学。
> B：对不起，你打错电话了，我们这儿没这个人。
> B：没关系。

（3）

> A：他不在。您是哪位？
> A：我不太清楚。您要留言吗？
> A：好，我一定转告他。
> A：喂，你好！五星电器集团客户服务部。
> B：我是美国国际贸易公司的史密斯。他什么时候回来？
> B：喂，你好！请问李明亮先生在吗？
> B：请转告李先生，请他回来给我回个电话，他知道我的电话。

---

[1] 记录　jìlù　（动）　to write down, to record

 试一试 Let's try

你是ABC贸易公司的业务部经理,给中国银行客户部经理李国元打电话,他不在,接电话的是他的助理,你留言让李经理下午给你回电话。两个人一组练习并完成下面的电话记录。

You are a manager of business department in ABC Trade Company. You are calling Li Guoyuan, the customer service manager of Bank of China. Li is not in, while his assistant answering the phone. You leave a message to tell him to return your call in the afternoon. Work in pairs to complete the form below.

☀ 提示 Hints

> A:喂,你好! 中国银行客户服务部。
> B:喂,你好! ……
> ……

电话记录

来电人姓名	
来电人单位	ABC贸易公司业务部
来电人找	李国元经理
留言内容	
电话号码	
来电时间	10:10
接电话人	陈丽芳

2

服务员:喂,你好,北京饭店前台。

顾　客:喂,你好! 我房间的电话一直打不通,是不是电话有问题?

服务员:我们客房的电话都是内线电话,如果拨外线您需要先拨零再拨您要的号码。

顾　客:能打长途吗?

服务员:可以,国内和国际长途都要收费,市内电话是免费的。

顾　客:我明白了。顺便问一下,我想明天七点一刻起床,你们有叫早服务吗?

服务员：我们饭店有电脑叫早服务,您用房间的电话就可以设置。如果您想七点一刻起床,先拨55#号,然后拨0715就可以了,到时候电话就会响。

顾　客：我知道了,谢谢你!

服务员：不用谢,这是我们应该做的。

生 词 New words

1. 通	tōng	（动）	to get through
2. 内线	nèixiàn	（名）	inside call / line
3. 拨	bō	（动）	to dial
4. 外线	wàixiàn	（名）	ouside call / line
5. 长途	chángtú	（形）	long distance
6. 收费	shōu fèi		to charge
7. 市内	shìnèi	（形）	local (call)
8. 设置	shèzhì	（动）	to set
9. #号	jǐnghào	（名）	pound key
10. 响	xiǎng	（动）	to ring

填一填 Fill in the blanks

顾客说:我今天给公司打了三次电话,都没有打(　　),是不是电话坏了？我打电话问前台。服务员说房间的电话都是(　　),如果想打(　　)电话要先(　　)零才可以,(　　)电话免费,长途电话(　　)。她还告诉我,他们饭店有电脑叫早服务,客人用房间电话就可以(　　),先拨55(　　),再拨起床的时间,到时候电话铃就会(　　)。

练一练 Let's practise

一、自动叫早服务 Automatic wake-up service

我们饭店有电脑(/自动[1])叫早服务,您用房间的电话就可以设置。如果您想七点一刻起床,先拨55#号,然后拨0715就可以了,到时候电话就会响。

---

[1] 自动　zìdòng　（副）　automatic

☆练习一 Exercise 1☆
你想在某个时间起床,给前台打电话问叫早服务的事情。两个人互换角色进行练习。(可以参考下面的提示但不要看前面的内容)
Call the reception desk of the hotel and tell them when you need to get up tomorrow. Then exchange roles. Follow the hints below but do not look at the previous text.

 提示 Hints

前台	客人
前台:喂,你好!北京饭店前台。 客人:…… 前台:我们饭店有电脑(/自动)___, 　　　您用房间的电话就_____, 　　　如果您_____, 　　　先_____,然后_____, 　　　到时候_____。 客人:…… 前台:不用谢,这是我们应该做的。	前台:…… 客人:_____!我是1221房间的客人, 　　　我想明天_____起床,你们有没 　　　有_____服务? 前台:…… 客人:我知道了,谢谢! 前台:……

二、"先……再(/然后)……(然后……)"的用法
Usage of the structure "先……再(/然后)……(然后……)"

1. 如果拨外线您需要先拨零再拨您要的号码。
2. 先拨55 #号,然后拨0715就可以了。
3. 你先问一下客户到达的时间,再给他预订房间。

☆练习二 Exercise 2☆
先排列下列事件的顺序,然后用"先……再(/然后)……(然后……)"说一说。
Reorder the following affairs. Then make a sentence with "先……再(/然后)……(然后…)".

1. 办理登记手续　拿房卡

2. 学习课文　学习生词　学习对话

3. 给他们打电话　给查号台打电话查他们公司的电话

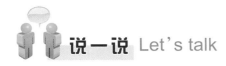 说一说 Let's talk

和你住在同一家饭店的朋友不知道怎么打市内电话,你根据对话2和他说一说。
Your friend who is living in the same hotel with you does not know how to make a local phone.Tell him how according to text 2.

(参考词语: 外线、内线、长途)

 提示 Hints

A: 我打市内电话怎么打不通(/打不
出去)?
B: ……
A: 市内电话收费吗?
B: ……

A: ……
B: 房间的电话是_____,_____。
A: ……
B: _____。

3

尊敬的女士/先生:

欢迎您光临花园宾馆!

宾馆每个房间的电话都可以拨打内线、外线,内线电话免费,打外线电话收费。拨打电话的方法如下:

(1) 客房之间通话:

拨打其他客房电话可以直拨分机号,2到9楼的分机号码是在房间号码前加拨0,例如,701房间的电话号码是0701。10楼以上是房间的房号,例如,1021房的电话号码为1021。

(2) 拨打市内电话:

先按2,再按对方电话号码。例如,要拨打的电话是12345678,应该按212345678。

(3) 拨打国内长途:

先按2,再按区号和对方电话号码。

(4) 拨打国际长途:

先按2,再按国际代码"00",然后按国家代码、区号和对方电话号码。

生词 New words

1. 尊敬	zūnjìng	（形）	respectable
2. 拨打	bōdǎ	（动）	to dial
3. 如下	rúxià	（动）	as follows
4. 分机	fēnjī	（名）	an extension (of a telephone system)
5. 例如	lìrú	（动）	for example
6. 按	àn	（动）	to press
7. 区号	qūhào	（名）	area code
8. 代码	dàimǎ	（名）	code

练一练 Let's practise

"如下"的用法 Usage of the word "如下"

> 1. 拨打电话的方法如下:客房之间通话,请直接拨分机号;拨打市内电话,先拨2再拨对方电话。
> 2. 这家宾馆顾客很多,原因如下:(1)交通方便;(2)服务好;(3)客房很豪华。

☆练习 Exercise☆

根据表格提示用"如下"说一说。

Make sentences with the word "如下".

例:

招　聘[1]	
单位	北京五星电器集团
职位	总经理办公室秘书
人数	1名
要求	大学毕业;英语专业; 工作认真;年龄30岁以下

说明:五星电器集团招聘一名总经理办公室秘书,要求如下:
　　①大学毕业　②英语专业　③工作认真　④年龄30岁以下

办公室人员名单	价格表	招聘工作人员	
张三　李四 王五　赵六	电　脑:9,800元 打印机:4,100元 复印机:12,500元	总经理助理 客户部经理 市场部副经理	1名 1名 3名

[1] 招聘　zhāopìn　（动）　to recruit

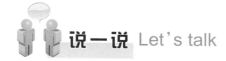 说一说 Let's talk

根据提示给饭店前台打电话问怎么拨打以下电话,国际代码和区号可以在附录中查。

Work in pairs. Call the reception desk and ask how to make the following different calls. Codes of country and regions are listed in the appendix.

（1）内线电话：1楼的112房间、9楼的910房间、14楼的1432房间……
（2）市内电话
（3）国内长途：南京、西安
（4）国际长途：首尔02-64432171、东京03-65532177

 提示 Hints

> A：您要打到哪个城市?
> B：我要打到纽约。
> A：您应该先拨2,再拨国际代码00,然后拨美国国家代码1,再拨纽约的区号2和您要的电话号码。

前台：喂,你好! 花园宾馆前台。
顾客：……
前台：您要打到哪个城市?
顾客：……
前台：您应该_____。(先……再/然后……)
顾客：……
前台：不用谢,这是我们应该做的。

前台：……
顾客：喂,你好! 我是1221房间的客人,我想问一下怎么给_____打电话(/怎么打_____电话)?
前台：……
顾客：_____。
前台：……
顾客：先_____再(/然后)_____,我知道了,谢谢!
前台：……

 问一问 Let's ask

两个人一组做下面的问答练习,可以参考附录。

Asking the following questions in pairs. Refer to the appedix if necessary.

1. 在你们国家,如果给警察打电话应该拨打什么号码? 中国呢?
2. 在你们国家,查号台的号码是多少? 中国呢?
3. 在你们国家,查天气情况应该拨打哪个号码? 中国呢?
4. 在你们国家,给医院打电话应该拨打什么号码? 中国呢?
5. 在你们国家,如果发生了火灾[1],应该拨打什么号码? 中国呢?

---

[1] 火灾　huǒzāi　（名）　fire (accident)

 附 录 Appendix

常用电话号码
Commonly used Numbers

号码	名称	号码	名称
110	匪警	114	查号台
119	火警	117	报时台
120	急救台	121	天气预报
122	交通事故报警台	184	邮政编码查询台
170	话费查询台	10086	中国移动客户服务热线

中国部分城市区号
Long-distance Code for Some Cities

城市	区号	城市	区号
北京	010	广州	020
上海	021	天津	022
重庆	023	沈阳	024
南京	025	武汉	027
成都	028	西安	029

部分国家国际代码和时差[1]
Country Code and Time Difference

Countries and Regions	国家或地区	国际代码	时差
Argentina	阿根廷	54	-11
Australia	澳大利亚	61	+2
Brazil	巴西	55	-11
Canada	加拿大	1	-13
China	中国	86	0
Denmark	丹麦	45	-7
Egypt	埃及	20	-6
France	法国	33	-8
Germany	德国	49	-7
India	印度	91	-2.3
Indonesia	印度尼西亚	62	-0.3
Italy	意大利	39	-7
Japan	日本	81	+1
Korea	韩国	82	+1
Mexico	墨西哥	52	-15
Netherlands	荷兰	31	-7
New Zealand	新西兰	64	+4
Nigeria	尼日利亚	234	-7
North Korea	朝鲜	850	+1
Norway	挪威	47	-7
Philippines	菲律宾	63	0
Russia	俄罗斯	7	-5
Spain	西班牙	34	-8
Sweden	瑞典	46	-7
Switzerland	瑞士	41	-7
Thailand	泰国	66	-1
United Kingdom	英国	44	-8
United States of America	美国	1	-13

[1] 时差　shíchā　（名）　time differences (between places of different time zones)

第四课

我想约个时间和您见面

1

（电话铃声）

王志东：喂，你好！我是王志东。

史密斯：王总，你好！我是美国国际贸易公司的史密斯。我想约个时间和您见面，您什么时候有空？

王志东：请稍等，我查一下日程表。我这周的日程差不多都安排满了，只有星期五上午有空。

史密斯：星期五我没有什么安排。那我们定在星期五上午怎么样？

王志东：好的。要是您方便的话，9点钟在我办公室见面好吗？

史密斯：能不能改到10点？要是太早的话，我怕堵车。

王志东：没问题，那就这么定了，星期五我派车去宾馆接您。

史密斯：不用了，多谢！我自己坐出租车去就行。

王志东：好吧，那就这么定了。

 生 词 New words

1. 约	yuē	（动）	to make an appointment
2. 见面	jiàn miàn		to meet
3. 日程	rìchéng	（名）	agenda

4. 定	dìng	（动）	to fix a time / date
5. 改	gǎi	（动）	to change
6. 堵车	dǔ chē		traffic jam

 **填一填** Fill in the blanks

美国国际贸易公司的史密斯先生想（　　）个时间和王总经理见面。王总查了一下（　　）表，只有星期五上午有空，其他时间都安排满了。他们决定周五上午见面。因为担心时间太早的话可能会（　　），所以他们把见面的时间从9点（　　）到了10点，见面地点在王总的办公室。

练一练 Let's practise

一、约定日期 Suggesting a date

A₁：我想约个时间和您见面，您几号有空？
A₂：我想约个时间和您见面，您这个星期什么时候方便？
A₃：您后天方便吗？我们约个时间见面谈一谈。
A₄：你后天有空吗？我想和你见个面。

B₁：请稍等，我查一下。我这周的日程表(/日程安排)差不多都安排满了，只有星期五上午有空。
B₂：我星期五上午没有什么安排，您方便(/有空)吗？
B₃：我什么时间都可以，看你吧。
B₄：我后天恐怕没空，星期五怎么样？

A₁：星期五我没有什么安排。那我们定在星期五上午怎么样？
A₂：那我们就定在星期五上午吧。

B₁：好的。
B₂：没问题，就这么定了。
B₃：好的，就定在周五吧。

☆练习一 Exercise 1☆
1. 两个人一组读上面的对话。
   Read the dialogue in pairs.
2. 两个人约定见面的时间，你们可以这样开始：
   Make an appointment with your partner. You can start like this:

提示 Hints

> A：喂，你好！
> B：喂，你好！我是＿＿＿＿＿＿，请问＿＿＿＿＿＿？
> A：我就是。
> B：＿＿＿＿＿＿先生(/小姐/主任/经理)，我想约＿＿＿＿＿＿，＿＿＿＿＿＿？
> ……

二、确定时间和地点 Setting a time and place

（一）

> A：9点钟在我办公室见面好吗？
> B₁：好的，就这么定了。
> B₂：能改到10点吗？(/改到10点好吗？)
> B₃：能改在北京饭店一楼的咖啡厅见面吗？

（二）

> A₁：我们在哪儿(/几点)见面呢？　A₂：我们在哪儿(/几点)见面比较好呢？
> B：9点钟在我办公室见面好吗？(我派车去接您)

☆练习二 Exercise 2☆

1. 两人一组读上面的对话。

Read the dialogue in pairs.

2. 根据下面的信息，两个人商量见面的时间和地点。

Set a time and place to meet, using the information below.

建议时间和地点	最后决定
下午3：00　北京饭店一楼的咖啡厅	下午3：00　北京饭店一楼的咖啡厅
上午11：00　对方的办公室	上午10：30　对方的办公室
下午3：30　其中一方的办公室	下午3：30　北京饭店的大堂¹

三、"要是……的话"的用法 Usage of the structure "要是……的话"

> 1. 要是您方便的话，9点钟在我办公室见面好吗？
> 2. 要是太早的话我怕堵车。
> 3. 要是有时间的话，请你帮我发个传真。

☆练习三 Exercise 3☆

把下面A、B两列中相关的项目连接起来，并用"要是……(的话)"说一个句子。

Match the items in column A with the ones in B. Then make sentences with "要是……(的话)".

---

¹ 大堂　dàtáng　（名）　lobby

A	B
你没有别的安排	最好先预订房间
电话占线	给查号台打电话查一下
你有时间	过一会再打
你去北京出差	来机场接我
不知道他们公司的电话	下了班我们一起去吃饭

1. 要是你有时间的话,能来机场接我吗?

2. _____

3. _____

4. _____

5. _____

试一试 Let's try

天地公司的市场部经理正在给五星电器集团的销售部经理打电话,他们想约个时间见面。两个人一组表演这段对话,要求如下:

（1）从日程表中找到合适的时间;

（2）说明见面的地点;

（3）使用下面的词语:约、日程、安排、满、改、定、要是……的话。

The manager of the marketing department of Tiandi Company is calling the sales manager of Wuxing Electric Inc. Work in pairs to make the phone call to set a time to meet. Request as follows:

（1）find out an appropriate time on your schedule;

（2）set a place to meet;

（3）use the following words 约、日程、安排、满、改、定、要是……的话.

天地公司市场部经理日程表		
	上午	下午
周一	参加公司部门经理会议	机场接人
周二	陪客户参观公司	
周三	讨论广告计划书	
周四		本部门会议
周五	到广州出差	

五星电器集团销售部经理日程安排		
	上午	下午
周一	到上海与客户见面	与客户讨论合作计划
周二	从上海返回北京(9:00)	
周三		与史密斯先生见面
周四		参加公司全体会议
周五		

提示 Hints

A：喂，你好！五星电器集团销售部。
B：喂，你好！我是天地公司的市场部经理_____，请问_____在吗？
A：我就是。
B：_____经理你好，我想_____。
……
……

2

（电话铃声）

张　丽：喂，你好！五星电器集团总经理办公室。

史密斯：你好！我是美国国际贸易公司的史密斯，请问王志东总经理在吗？

张　丽：史密斯先生你好！王总正在开会，您有什么事情我可以转告他。

史密斯：我和王总约好了明天见面，可我有急事去不了，不得不取消。请转告王总并代我向他表示歉意。

张　丽：好的，我一定转告他。

史密斯：另外，麻烦你问一下王总，能不能把见面时间改到下周一？

张　丽：我一定把您的意思转告王总，一有消息我就通知您。

史密斯：非常感谢，再见！
张　丽：不用客气，再见！

 生 词 New words

1. 急事　　jíshì　　　（名）　emergency
2. 取消　　qǔxiāo　　（动）　to cancel
3. 代　　　dài　　　 （动）　to on behalf of sb.
4. 表示　　biǎoshì　 （动）　to express
5. 歉意　　qiànyì　　（名）　apology
6. 消息　　xiāoxi　　（名）　news
7. 通知　　tōngzhī　 （动）　to inform

专 名 Proper noun

张丽　　　　Zhāng Lì　　　　　　　name of a person

填一填 Fill in the blanks

留言条

王总经理：

　　刚才您开会的时候美国国际贸易公司的史密斯先生来电话，他原来（　　　）了明天和您见面，但有（　　　）不得不（　　　）。他让我转告您，并（　　　）他向您表示（　　　），另外他希望把见面时间（　　　）下周一，不知道您有没有什么安排，他在等我们的（　　　）。

张丽
3.12

 练一练 Let's practise

一、取消约定 Cancelling an appointment

（一）

A：我和王总约好了明天见面，可我有急事去不了，不得不取消。请转告王总并代我向他表示歉意。
B：好的，我一定转告他。

（二）

A₁：对不起,明天我有事去不了,你看能不能取消约定(/另外约个时间)? 非常抱歉。

A₂：我有急事不能和您见面了,非常抱歉。

B ：没关系,我们可以另约时间(/再找时间)。

☆练习一 Exercise 1☆

1. 两个人一组读上面的对话。

　　Read the dialogue in pairs.

2. 两个人一组练习打电话取消原来的约定,接电话的可能是对方本人或他的秘书。

　　Pratise cancelling the previous appointment with your partner. The receiver could be the person you want to call for, or his secretary.

（1）

A：喂,你好! 五星电器集团。

B：喂,你好! 我是三星公司的……,请问……在吗?

A：我就是。

B：……

A：没关系,……

（2）

A：喂,你好! 五星电器集团总经理办公室。

B：喂,你好! 我是三星公司的……,请问……在吗?

A：对不起,……不在。我是他的秘书……,……（留言/转告）。

B：……

A：我知道了,我一定……

二、改时间 Changing the appointment

（一）

A：麻烦你问一下王总,能不能能把见面时间改到下周一?

B：我一定转告王总,一有消息我就通知您。

（二）

A₁：很抱歉,我3点到不了,能推迟[1]半个小时吗?

A₂：能改到明天吗?

A₃：改到明天同一个时间好吗?

B₁：行,没问题。

B₂：稍等,我查一下这周的日程安排。

☆练习二 Exercise 2☆

你和同伴约好了今天下午3点见面,可是因为堵车、有急事或去机场接人等原因,你希望能改到下列时间:

You made an appointment with your partner at 3:00 this afternoon, but you want to change it to the following time for some reason such as traffic jam / emergency / meeting somebody at the airport:

(1) 一个小时后
(2) 明天下午3点

 提示 Hints

> A:××,我们约好了……,可是我……(原因),……
> B:……

三、"……不了"的用法 Usage of the structure "……不了"

> 1. 我有急事去不了。
> 2. 他刚毕业,还做不了这样的工作。

☆练习三 Exercise 3☆

根据下面句子的意思,用"……不了"说一说。

Paraphrase the following sentences with "……不了".

例:这个办法听起来不错,但不能解决问题。
    这个办法听起来不错,但解决不了问题。

1. 这件事我永远都不能忘记。

2. 今天我要加班,不能去了。

3. 很抱歉,我不能帮你。

4. 我们的产品不能满足顾客的要求。

5. 这种产品只有我们公司能生产,别的公司_____。

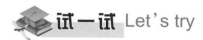 试一试 Let's try

你是韩国三星进出口公司销售¹部经理(B),正在给中国东风汽车集团总经理(A)打电话。你们约好了周一下午见面,可是你有急事去不了,向他道歉并希望把时间改在周四。两个人一组完成这段对话。

You (B) are the sales manager of Sanxing Import & Export Company. Your partner

¹ 销售 xiāoshòu (动) sale

(A) is the general manager of Dongfeng Motor Company. You should have met him/her next Monday as arranged. But you had an emergency, so you made a call to say sorry and to rearrange the appointment for next Thursday. Make a conversation in pairs.

提示 Hints

A：喂，你好！东风汽车集团。
B：喂，你好！我是＿＿＿＿＿＿，请问＿＿＿＿＿＿？
A：我就是。
……
……

3

我是一家电器公司的市场部经理，最近工作非常忙，日程安排得很紧，一点时间都没有。这是我下周的日程安排：周一上午参加部门经理会议，下午去机场接美国来的客户史密斯先生，晚上参加公司为史密斯举行的欢迎宴会；周二上午培训新员工，下午与史密斯讨论明年的合作问题；周三陪史密斯参观几家工厂；周四和一位老客户约好了去他们公司见面；周五去上海出差。唉，累死了！

生词 New words

1. 市场部	shìchǎngbù	（名）	marketing department
2. 紧	jǐn	（形）	tight
3. 举行	jǔxíng	（动）	to hold
4. 宴会	yànhuì	（名）	banquet
5. 培训	péixùn	（动）	to train
6. 员工	yuángōng	（名）	staff, employee
7. 讨论	tǎolùn	（动）	to discuss
8. 合作	hézuò	（动）	to cooperate
9. 陪	péi	（动）	to accompany
10. 出差	chū chāi		to be on a business trip

 填一填 Fill in the blanks

根据课文内容,把这位经理一周的日程安排填在下面的表格里。
According to the text above, fill in the schedule.

	上午	下午
周一		
周二		
周三		
周四	去天地公司和李成周经理见面谈合作问题	
周五		

 练一练 Let's practise

"adj. + 死了"的用法 Usage of the structure "adj. + 死了"

> 1. 最近工作非常忙,日程安排得很紧,累死了。
> 2. 昨天加班加到晚上10点还没吃晚饭,饿死了。
> 3. 要办的手续太多了,麻烦死了。
> 4. 下班的时候,坐地铁的人非常多,简直挤死了。

☆练习 Exercise☆
用"adj.+死了"回答问题。
Answer the following questions with "adj+死了".

提示 Hints

> 问:你和王经理约好了10点见面,现在时间马上到了,你怎么还没来啊?
> 答:别提了,我在路上呢,赶上堵车,真是急死了。

1. 问:你们那儿今天的天气怎么样?
   答:＿＿＿＿＿＿＿＿＿＿＿＿＿＿＿＿＿＿。

2. 问:这家超市的水果价格怎么样?
   答:＿＿＿＿＿＿＿＿＿＿＿＿＿＿＿＿＿＿。

3. 问:最近工作怎么样?
   答:＿＿＿＿＿＿＿＿＿＿＿＿＿＿＿＿＿＿。

4. 问：你为什么不坐公共汽车上班呢？

　　答：＿＿＿＿＿＿＿＿＿＿＿＿＿＿＿＿＿＿。

5. 问：你觉得秘书这个工作怎么样？

　　答：＿＿＿＿＿＿＿＿＿＿＿＿＿＿＿＿＿＿。

 试一试 Let's try

你是一家公司的总经理助理，总经理下周要到北京出差，与五星电器集团讨论明年的合作计划，你安排他在北京的活动。请你填写下面的日程表，然后问经理是不是满意。

You are the manager's assistant. The manager will go to Beijing next week to negotiate next year's cooperation plan with Wuxing Electric Inc. You need to schedule for his business trip. Complete the timetable and ask the manager's opinion.

总经理北京出差期间日程安排

	上午	下午	晚上
11 月 2 日	11：00到达北京		欢迎宴会
11 月 3 日			自由活动
11 月 4 日	（参观）	3：00离开北京	

提示 Hints

助　　理：总经理，您去北京出差的日程我安排好了。

总经理：你简单说一说这三天的安排吧。

助　　理：是这样的，2号上午11：00到达北京，五星电器公司派人到机场接您
　　　　　……

　　……

第五课

为了大家的健康干杯

1

李明亮：早上好，史密斯先生。您明天晚上有什么安排吗？

史密斯：我明晚没什么特别的事儿。

李明亮：那太好了。明晚我们总经理在和平饭店举行晚宴，为您接风，请您光临。

史密斯：谢谢王总的盛情邀请，我感到非常荣幸。顺便问一下，出席宴会的还有哪些人？

李明亮：除了王总以外，还有一位副总经理和几位部门经理，一共10个人左右。

史密斯：我很高兴能认识一些新朋友，你们安排得太周到了。宴会定在什么时候？

李明亮：宴会6点开始，5点半我们派车来宾馆接您，您看怎么样？

史密斯：好的，那就这么说定了。谢谢你通知我，明天见。

李明亮：您太客气了，明天见。

生词 New words

1. 晚宴	wǎnyàn	（名）	evening banquet
2. 接风	jiē fēng		to give a dinner to welcome guests from afar
3. 盛情	shèngqíng	（名）	great kindness
4. 邀请	yāoqǐng	（动）	to invite
5. 荣幸	róngxìng	（形）	to be / feel honoured
6. 出席	chūxí	（动）	to attend
7. 周到	zhōudào	（形）	thoughtful, considerate

填一填 Fill in the blanks

　　明晚五星电器集团的王总经理在和平饭店（　　）（　　），为史密斯（　　）。史密斯非常感谢王总的盛情（　　），能参加这样的宴会他感到很（　　）。（　　）宴会的除了王总，还有一位副总经理和几位部门经理，史密斯觉得他们想得很周到，他可以认识一些新朋友。宴会定在晚上6点，5点半他们派车来接史密斯先生。

练一练 Let's practise

一、发出邀请 Beginning an invitation

A: 史密斯先生，您明天晚上有什么安排（/有空）吗？
B: 我明晚没什么特别的事（/安排）。
A: 那太好了，明晚我们总经理在和平饭店举行晚宴，为您接风（/送行），请您光临（/出席）（，这是请柬[1]/请帖[2]）。

☆练习一 Exercise 1☆
两人一组邀请对方参加下列活动。
Practise giving invitations to the following activities.

1. 12月20号晚　　和平饭店　　新年酒会　　感谢各位新老客户
2. 下周一晚　　　北京饭店二楼　商务酒会　　庆祝[3]公司成立十周年
3. 后天晚上　　　和平饭店　　　欢迎宴会　　欢迎美国来的史密斯先生
4. 9月30号晚　　青年饭店　　　中秋晚会

---

[1] 请柬　qǐngjiǎn　（名）　written invitation
[2] 请帖　qǐngtiě　（名）　written invitation
[3] 庆祝　qìngzhù　（动）　to celebrate

二、接受邀请 Accepting an invitation

A：明晚我们总经理在和平饭店举行晚宴，为您接风，请您光临(/出席)(，这是请柬/请帖)。

B₁：谢谢王总(/贵公司)的盛情邀请，我感到非常荣幸。

B₂：谢谢你们的邀请，我一定准时到(/一定参加)。

A₁：非常感谢您能出席。

A₂：您能出席我们感到很荣幸，非常感谢。

☆练习二 Exercise 2☆

1. 两个人一组读上面的对话。

   Read the dialogue above.

2. 仿照例句，邀请对方参加练习一中的宴会。

   Invite your partner to attend the activities in Exercise 1.

三、询问出席人员 Asking who will attend

A₁：顺便问一下，出席(/参加)宴会的还有哪些人？

A₂：你们还邀请了哪些人参加这次宴会？

B：除了王总以外，还有一位副总经理和几位部门经理，一共10个人左右。

A₁：宴会定在什么时候？

A₂：宴会什么时候开始？

B：宴会6点开始。

☆练习三 Exercise 3☆

根据下面提供的信息询问参加宴会的人和具体时间。

According to the given information below, make a conversation.

（1）小李的生日晚会　　办公室的同事和他的几个好朋友参加　　晚上7点
（2）公司的新年酒会　　公司全体员工参加　　　　　　　　　　晚上6点

四、"除了……还……"的用法 Usage of the structure "除了……还……"

1. 除了王总以外，还有一位副总经理和几位部门经理。
2. 除了负责公司的手机业务，王经理还负责销售工作。
3. 除了冰箱以外，我们还生产电视、空调、洗衣机等其他家电。

☆练习四 Exercise 4☆

根据提示用"除了……还……"回答问题。

Answer the following questions, using "除了……还……".

 提示 Hints

你去过哪些国家？
除了美国、英国，我还去过中国、日本等国家。

服务热线

送餐服务　电话×××××××
洗衣服务　电话×××××××
叫早服务　电话×××××××
订票服务　电话×××××××

办公用品

电脑
打印机
复印机
电话

1. 你们饭店提供哪些服务？

2. 你们要买什么办公用品？

日程安排

6日　参观五星电器公司
7日　与王总经理见面
8日　……

参加会议人员

总经理　　　　　王志东
公关部主任　　　李建明
销售部经理　　　陈平
市场部经理　　　王红

3. 他们在中国期间有什么安排？

4. 哪些人参加明天下午的会议？

五、"左右"的用法 Usage of the word "左右"

1. 出席明晚宴会的一共有10个人左右。
2. 现在红茶的价格是每公斤500元左右。
3. 我们公司想买10台5000元左右的台式电脑。

☆练习五 Exercise 5☆

1. 两个人一组用"左右"做问答练习。

Work in pairs to practise answering questions using "左右".

（1）他上午几点来的电话？
（2）你学了多长时间汉语了？
（3）你们班(/学校/公司)有多少人？

新丝路——中级速成商务汉语 I

XINSILU ZHONGJI SUCHENG SHANGWU HANYU I

2. 你想买一台笔记本电脑。先回答下面的问题，然后模仿示例用一段话说一下自己的要求，尽量使用"左右"。

You want to buy a laptop. Think about the following questions below. Then make a conversation about what you want with your partner, using "左右".

（1）你想买大概多少钱的笔记本电脑？

（2）你希望硬盘[1]有多大？（30G/40G/60G/80G）

（3）你想要多大的屏幕[2]？（12英寸/13英寸/14英寸/15英寸/17英寸）

（4）你对重量有什么要求？（1.5kg/2kg/2.5kg/3kg）

> 例：我想买一台10000元左右的笔记本电脑，硬盘大一些，60G左右，屏幕大小没关系，13英寸左右就行，最好不要太重，我希望重量在1.5公斤左右。

 说一说 Let's talk

来你们公司参观的五星电器集团公关部主任李明亮下周就要回国了，副总裁史密斯打算这个周末举行宴会为他送行，同时邀请公司几位部门经理出席，今天你去给李明亮送请柬。两个人一组根据下面的提示表演这段对话。

Li Mingliang, the director of the public relations department of Wuxing Electronic Inc, who is visiting your company, will leave your country next week. Mr.Smith, vice president of your company, plans to hold a farewell party for him. Some other department managers will be invited. Now, you send the invitation to Li Mingliang by yourself. Work in pairs to complete the conversation with hints below.

 提示 Hints

员　工：李先生您好！我想问一下，您这个周末有空吗？

李明亮：……

员　工：……（发出邀请）

李明亮：……（接受邀请，问出席者）

员　工：……

李明亮：……（问时间）

员　工：……

李明亮：……

---

[1] 硬盘　yìngpán　（名）　hard disk

[2] 屏幕　píngmù　（名）　screen

根据课文内容填写下面的请柬,并理解请柬的意思。
According to the text we learned, fill in the blanks.

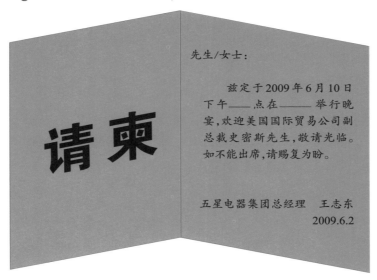

先生/女士：

　　兹定于 2009 年 6 月 10 日下午＿＿点在＿＿＿举行晚宴,欢迎美国国际贸易公司副总裁史密斯先生,敬请光临。如不能出席,请赐复为盼。

五星电器集团总经理　王志东
2009.6.2

2

王志东：晚上好,史密斯先生,欢迎光临,您能出席今天的宴会,我们深感荣幸。

史密斯：哪里哪里,谢谢您的盛情邀请。

王志东：您太客气了,请入席吧。我们今晚吃中国菜,不知道合不合您的口味？

史密斯：中国菜非常好吃,很合我的口味。

王志东：那再好不过了。这家饭店是北京有名的老字号,菜做得很地道,特别是这儿的烤鸭。

史密斯：太好了,我一直都想吃北京烤鸭,这次可以大饱口福了。

王志东：您要喝点儿什么？白酒还是啤酒？我推荐您尝尝中国的茅台酒。

史密斯：中国的白酒太厉害了,我喝一两杯就要醉了,还是喝啤酒吧。

王志东：各位,今天我们在这里为史密斯先生接风,我谨代表五星电器集团对史密斯先生的到来表示热烈的欢迎！为了我们尊敬的客人、为了我们的友谊、为了大家的健康干杯！

大　家：干杯！

生 词 New words

1. 入席	rù xí		to take one's seat
2. 合	hé	（动）	to be well suited to
3. 口味	kǒuwèi	（名）	taste, flavour
4. 老字号	lǎozìhào	（名）	time-honored brand
5. 地道	dìdao	（形）	genuine
6. 烤鸭	kǎoyā	（名）	roast duck
7. 大饱口福	dà bǎo kǒufú		to meet one's palate
8. 白酒	báijiǔ	（名）	liquor
9. 推荐	tuījiàn	（动）	to recommend
10. 醉	zuì	（动）	drunk
11. 友谊	yǒuyì	（名）	friendship

专 名 Proper noun

茅台酒	Máotáijiǔ	name of a kind of wine

填一填 Fill in the blanks

史密斯先生今晚出席了我们的晚宴,地点是一家有百年历史的（　　　），这儿的菜做的很（　　　），特别是（　　　）。史密斯先生说中国菜很（　　　）他的口味,他很喜欢,这次他可以（　　　）了。我（　　　）史密斯先生尝尝茅台酒,这是中国最有名的（　　　）,但是史密斯先生说喝茅台酒很容易（　　　）,他比较喜欢喝啤酒。

练一练 Let's practise

一、欢迎客人 Welcoming guests

A₁：晚上好,史密斯先生,欢迎光临,您能出席今天的宴会,我们深感荣幸。

A₂：晚上好,史密斯先生,欢迎光临,谢谢您出席(/参加)我们的宴会。

B： 哪里哪里,谢谢您的盛情邀请。

A₁：您太客气了,请坐(/请入席)吧。

A₂：您太客气了。人都到齐了,我们开始吧。

A₃：您太客气了。人还没有到齐,我们一会儿开始。

☆练习一 Exercise 1☆
两个人一组进行会话练习。你的同伴来参加下列活动,你作为主人欢迎他们。
Work in pairs to practice the dialogue. You are the host of certain banquet. Your partner is the guest who attends your banquet. Make a conversation in the following three situations.

(1) 公司的商务酒会
(2) 新老客户答谢会
(3) 欢迎宴会

二、询问客人口味 Asking a guest's taste

A₁: 我们今晚吃中国菜,不知道合不合您的口味?
A₂: 您喜欢吃中国菜吗?

B₁: 中国菜非常好吃,很合我的口味。
B₂: 没问题,但是最好清淡一点儿(/不要太咸/不要太辣/不要放香菜[1])。

☆练习二 Exercise 2☆
在宴会上问一下你的同伴对吃下面这些菜有没有意见。
At the banquet ask your guest's opinions about the following dishes.

(1) 日本菜　　　(2) 韩国菜　　　(3) 西餐
(4) 四川菜　　　(5) 海鲜[2]

三、介绍饭菜 Introducing food

(一)

A: 这家饭店是北京有名的老字号(/这是一家老字号),菜做得很地道,特别是这儿的烤鸭。
B: 太好了,我一直都想吃北京烤鸭,这次可以大饱口福了。

(二)

A₁: 这是这家饭店的招牌菜[3](/特色菜),大家尝一尝(/多吃一点)。
A₂: 这个菜叫麻婆豆腐,大家尝一尝怎么样。

B₁: 真的非常好吃。
B₂: 很好吃,可是太油腻[4]了(/太辣了),我不能吃得太多。

---

[1] 香菜　xiāngcài　(名) coriander
[2] 海鲜　hǎixiān　(名) seafood
[3] 招牌菜　zhāopáicài　(名) specialty
[4] 油腻　yóunì　(形) greasy

☆练习三 Exercise 3☆

向客人介绍下面的饭菜。(参考后面的附录)

Give a brief introduction of the following dishes. (you can refer to the appendix at the end of this chapter)

(1)北京烤鸭　　(2)火锅　　(3)古老肉　　(4)糖醋鱼

四、酒水饮料 Drinks and beverage

(一)

> A₁：您要喝点儿什么？白酒还是啤酒？我推荐您尝尝中国的茅台酒。
> A₂：来点儿白酒怎么样？

> B₁：中国的白酒太厉害了，我喝一两杯就要醉了，还是喝啤酒吧。
> B₂：我不太能喝，少来一点儿还可以。

(二)

> A：您要喝点儿什么？啤酒、白酒还是饮料？
> B：我不会喝酒，给我来一杯茶(/果汁/橙汁/可乐/雪碧[1])。

☆练习四 Exercise 4☆

问你的同伴喝什么酒水饮料并向他(/她)推荐。

Ask what your partner would like to drink and recommend some drinks to him/ her.

(1)青岛啤酒
(2)威士忌[2]
(3)日本清酒[3]

五、"再……不过了"的用法 Usage of the structure "再……不过了"

> 1.(您喜欢吃中国菜,)那再好不过了。
> 2.您只要签个字,所有的事情都由我们来做,再简单不过了。
> 3.如果能坐在家里办公,那真是再方便不过了。

☆练习五 Exercise 5☆

用"再……不过了"完成句子。下面是在这一格式中常出现的词,可供参考。

Complete sentences using"再……不过了". Here are also some useful expressions you may need.

---

[1] 雪碧　Xuěbì　（名）　Sprite

[2] 威士忌　Wēishìjì　（名）　Whisky

[3] 清酒　Qīngjiǔ　（名）　Sake

> 好 简单 容易 方便 合适 明白 清楚

（1）A：你不用自己去,我明天开车来接你,怎么样?

B：_____。

（2）如果你不想下楼吃饭,只要给前台打个电话,他们就会派人把饭菜送到你的房间,_____。

（3）这部相机是全自动的,只要按一下快门就行,_____,谁都会用。

（4）他虽然没有直接说不行,但是他的意思_____,他不想帮我们。

六、"特别"的用法 Usage of the word "特别"

> 1.（这家老字号的）菜做得很地道,特别是这儿的烤鸭。
> 2.王经理这一个星期都很忙,特别是周二。
> 3.今年各个部门的业绩都很好,特别是销售部。

☆练习六 Exercise 6☆
根据下面的表格内容用"特别"各说一句话。
Transfer the diagrams into sentences with "特别".

客房数量（单位:间）	
和平饭店	656
京东饭店	812
北京饭店	1223

（1）

城市人口	
纽约	900万
东京	1200万
北京	1700万

（2）

最近气温	
7月21日	35℃
7月22日	37℃
7月23日	39℃

（3）

电脑价格	
天河笔记本	18,000元
长城笔记本	18,500元
三星笔记本	22,000元

（4）

（1）这三家饭店的客房都很多,_____。

（2）_____。

（3）_____。

（4）_____。

试一试 Let's try

根据下面的提示,模仿课文在公司成立十周年的庆祝宴会上做一个简短的祝酒辞[1]。
Propose a toast at the banquet given for the 10th anniversary of your company referring to the text we learned. Here are also some useful expressions below.

第一部分:目的

今天我们在这里(聚会[2]/举行宴会)

欢迎……
为……送行(/接风)
庆祝……
感谢……

。

第二部分:欢迎

我谨[3]代表

五星电器集团
我们公司
本公司

对

史密斯先生
大家(/各位)
史密斯先生和各位

的到来表示热烈的欢迎。

第三部分:干杯

我提议,为了

我们(/各)位尊敬的客人
我们的友谊
我们合作成功
美好的未来
大家(/各位)的健康

干杯!

把你的祝酒辞写在下面,然后试着说一说。
Write down your toast. Then read it to your partner.

_____

_____

_____

_____

---

[1] 祝酒辞 zhùjiǔcí （名） toast
[2] 聚会 jùhuì （动） to get together
[3] 谨 jǐn （副） respectfully

56

3

（宴会祝酒辞）

女士们、先生们：

晚上好！今天我们在这里举行宴会欢迎韩国三星公司代表团。首先，我谨代表五星电器集团全体员工对远道而来的客人表示热烈的欢迎！同时也非常感谢各位能出席我们的宴会。

三星公司是我们的老朋友，和我们集团有良好的合作关系，我们的合作一直都很成功，双方都非常满意，也很重视多年的友谊。这次三星公司派代表团来北京与我们洽谈以后的合作计划，我们深感荣幸。希望我们洽谈成功，以后能更好地合作。

"有朋自远方来，不亦乐乎！"现在请大家举杯，为了我们双方合作成功、为了我们的友谊、为了大家的健康，干杯！

生词 New words

1. 祝酒辞	zhùjiǔcí	（名）	toast
2. 代表团	dàibiǎotuán	（名）	delegation
3. 全体	quántǐ	（名）	all
4. 良好	liánghǎo	（形）	good
5. 成功	chénggōng	（形）	successful
6. 双方	shuāngfāng	（名）	both sides
7. 重视	zhòngshì	（动）	to value
8. 洽谈	qiàtán	（动）	to negotiate
9. 举杯	jǔbēi	（动）	to propose a toast

问一问 Let's ask

1. 上面的话是在什么时候说的？
2. 五星电器集团和韩国三星公司是什么关系？
3. 三星公司代表团为什么要来北京？

排一排 Let's rearrange

课文3是一篇较长的祝酒辞,和课文2中简短的祝酒辞比起来,课文3多了一部分内容。在祝酒辞里这一部分常用于回顾过去、介绍双方或自己的情况、说明这次活动的情况、展望未来或预祝成功。

Text 3 is more complicated than text 2. The format of this toast is illustrated below, including the following parts: looking back to the past, introducing guests to each other, introducing the activity, looking forward to the future and wishing success.

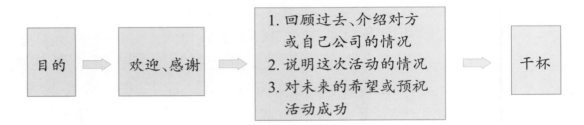

按照上面这种格式把下面的句子组成一篇祝酒辞并试着说一遍。
Rearrange the following sentences into a toasting paragraph using the format above. Then read aloud.

(1)同时非常感谢各位能出席我们的宴会。
(2)三星公司是我们的老朋友,和我们集团有良好的合作关系。
(3)今天我们在这里举行宴会欢迎韩国三星公司代表团。
(4)希望我们洽谈成功,以后能更好地合作。
(5)我谨代表我们公司对远道而来的客人表示热烈的欢迎!
(6)我们的合作一直都很成功,双方都非常满意。
(7)现在请大家举杯,为了我们双方合作成功、为了大家的健康,干杯!
(8)这次三星公司派代表团来北京与我们洽谈以后的合作计划,我们深感荣幸。

正确的顺序:_____

试一试 Let's try

三星公司代表团要回国了,你是代表团团长,在告别宴会上致祝酒辞。(可以参照我们上面总结的格式和下面给出的提示)

You are the head of the delegation of Samsung Company. You will leave Beijing soon. At the farewell dinner, you propose a toast. You can refer to the format above and the hints below.

提示 Hints

尊敬的王总经理、女士们、先生们：

晚上好！明天我们就要回国了，今晚……，庆祝我们洽谈成功同时和大家告别。首先，……对大家的到来表示欢迎！非常感谢各位……，非常感谢五星电器集团的盛情招待！

……一直都有良好的合作关系。这次我们……。我相信以后……。我们非常高兴在北京期间能认识这么多朋友，现在……，为了……，干杯！

附 录 Appendix

中国四大菜系
Four Major Styles of Cooking in China

菜　系	地　区	特　点	特色菜
鲁菜	北方地区	咸、鲜	脆皮烤鸭、脱骨烧鸡、锅塌豆腐、葱烧海参、油爆鸡丁
粤菜	广东、广西、福建、海南、台湾、香港	鲜嫩、清淡	烤乳猪、龙虎斗、红烧大裙翅、蚝油牛肉、古老肉
川菜	四川、重庆、湖南、湖北、云南、贵州	麻、辣	麻婆豆腐、怪味鸡、香酥鸡、宫保鸡丁、鱼香肉丝
淮扬菜	江苏、上海、浙江、江西、安徽	清鲜略带甜味	鸡汤煮干丝、清炖蟹粉狮子头、银芽鸡丝、糖醋鱼、芙蓉鸡片、盐水鸭

部分中国菜的英文名
English Translations for Some Chinese Dishes

北京烤鸭	Roast Beijing Duck	铁板牛肉	Sizzling Beef
古老肉	Sweet & Sour Pork	糖醋鱼	Sweet & Sour fish
宫保鸡丁	Kung Pao Chicken	蚝油冬菇	Oyster Sauce Mushroom
香酥鸡	Savoury and Crisp chicken	干煸四季豆	String Bean Western Style
豉椒排骨	Black Bean Sauce	清炒芥兰	Chinese Green Tender
椒盐排骨	Pepper Salt Spareribs	土豆丝	Shredded Potatoes
烤乳猪	Roasted Sucking Pig	麻婆豆腐	Bean Sauce Tofu
回锅肉	Twice-cooked Pork Slices	八宝饭	Eight Treasure Rice
鱼香肉丝	Shredded Pork with Garlic Sauce	北京炸酱面	Noodles with Bean Paste
红烧狮子头	Stewed Meatballs with Brown Sauce	鸡蛋炒饭	Stir-fried Rice with Egg
葱爆羊肉	Fried Mutton Slice with Green Scallion	牛肉拉面	Hand-pulled Noodles with Beef
中式牛柳	Chinese Style Beef	酸辣汤	Hot and Sour Soup
青椒牛肉	Fried Beef with Green Pepper		

第六课

还有其他颜色吗?

1

（在商店）

售货员：欢迎光临！请随便看，有喜欢的可以试穿。

顾　客：小姐，麻烦你给我拿一件这种衬衣我试一下。

售货员：您穿多大号的？

顾　客：拿一件中号的我试试。

（试完以后）

售货员：您觉得怎么样？

顾　客：还可以，就是稍微有点儿肥，有瘦一点儿的吗？

售货员：这是最瘦的了。我觉得这件挺合适的，看起来一点儿都不肥。

顾　客：好吧。还有其他颜色吗？粉色太鲜艳了，我穿不太合适。

售货员：白色的怎么样？

顾　客：我喜欢颜色深一点儿的。

售货员：都在这边，深颜色的有黑的、灰的、蓝的、咖啡色的，您喜欢哪种？

顾　客：我要一件灰色的。

售货员：中号灰色的，我给您包起来。

生 词 New words

1. 试穿	shìchuān	（动）	to try on
2. 衬衣	chènyī	（名）	shirt

3. 号	hào	（名）	size
4. 稍微	shāowēi	（副）	a bit
5. 肥	féi	（形）	loose-fitting
6. 瘦	shòu	（形）	tight-fitting
7. 合适	héshì	（形）	suitable
8. 粉色	fěnsè	（名）	pink
9. 鲜艳	xiānyàn	（形）	brightly colored
10. 深	shēn	（形）	dark
11. 咖啡色	kāfēisè	（名）	coffee (color)
12. 包	bāo	（动）	to wrap up

 填一填 Fill in the blanks

　　今天我去商店买（　　），先（　　）了一件中号的，样子还可以，就是有点儿（　　），但这已经是最（　　）的了。售货员说看起来挺（　　）的，我决定就买一件中号的。我对颜色不太满意，那件是（　　）的，太（　　）了，我想要一件颜色（　　）一点儿的，最后买了一件灰色的。

练一练 Let's practise

一、要买什么 What do you want

> 售货员₁：欢迎光临！请随便看，有喜欢的可以试穿。
> 售货员₂：您好！您需要（/想买）点儿什么？

> 顾　客₁：小姐，麻烦你给我拿一件这种衬衣我试一下。
> 顾　客₂：麻烦你给我拿一双42(读作:sì'èr)的（皮鞋）。
> 顾　客₃：我想买一件衬衣，麻烦您给我拿一件中号的。
> 顾　客₄：我想买（/看一看）领带。

☆练习一 Exercise 1☆
两个人一组练习买下列东西。
Practise buying these goods with your partner.

（1）一瓶矿泉水　两听可乐
（2）裤子　大号的毛衣
（3）数码相机　打印机

二、合适不合适 What do you think of it

售货员：您觉得怎么样？

顾客[1]：还可以，就是稍微有点儿肥，有瘦一点儿的吗？

顾客[2]：颜色太鲜艳(/太暗[1])了，还有别的颜色吗？

顾客[3]：很合适(/非常好/我很满意)。

☆练习二 Exercise 2☆

根据下面的内容告诉同伴你对商品的意见，并询问有没有别的。

According to the following circumstance, tell your partner what you think of some items and ask if another one is available.

(1) 价格不合适(太贵了)　　(2) 尺寸不合适

(3) 重量不合适　　　　　　(4) 样式不合适(老/简单)

三、告诉顾客没有别的 Telling customers something is not available

顾　客：有瘦一点儿的吗？

售货员[1]：这是最瘦的了。

售货员[2]：就剩下这一种了，别的都卖完了。

顾　客[1]：那算了，我到别的地方看看。

顾　客[2]：你们还进货[2]吗？

顾　客[3]：你们什么时候进货？

☆练习三 Exercise 3☆

结合上面的练习二，和同伴练习以下情景。

Making references to exercises 2, practise the situation below with your partner.

(1) 尺寸不合适，想要一件大号的(/XL 的)，一周后进货

(2) 颜色不合适，想要一种深颜色的

四、"就是"的用法 Usage of the word "就是"

1. 这件衬衣还可以，就是稍微有点儿肥。

2. 这家饭店的饭菜做得很地道，就是服务不太好。

3. 我住的地方买东西很方便，就是离公司有点儿远。

---

[1] 暗　àn　(形)　dark

[2] 进货　jìn huò　to stock up

☆练习四 Exercise 4☆

用"就是"回答下面的问题。

Answer the following questions using "就是".

1. 售货员：您觉得这件衣服怎么样？

　顾　客：＿＿＿＿＿＿＿＿＿＿＿＿＿＿＿＿＿＿＿＿

2. 主　人：您觉得我们这儿的天气怎么样？还习惯吗？

　客　人：＿＿＿＿＿＿＿＿＿＿＿＿＿＿＿＿＿＿＿＿

3. A：中国菜好吃吗？

　B：＿＿＿＿＿＿＿＿＿＿＿＿＿＿＿＿＿＿＿＿＿

4. 经　理：他们公司的产品怎么样？

　员　工：＿＿＿＿＿＿＿＿＿＿＿＿＿＿＿＿＿＿

 试一试 Let's try

你去商店买鞋，你的同伴是售货员，模仿课文进行会话。（可以参考下面的提示）
You are buying shoes in a shop and your partner is the salesman. Make a conversation according to the text. (you can refer to the hints below)

提示 Hints

售货员：欢迎光临，请随便看，有喜欢的……
顾　客：……
售货员：（尺寸/颜色）
顾　客：……
售货员：（合适不合适）
顾　客：（大小不合适）
售货员：……
……
……

2

（顾客买了一套茶具）

售货员：这套茶具您要是满意的话，
　　　　我就给您包起来了？
顾　客：包起来吧。你们正在打
　　　　折，是不是？
售货员：对，茶具都打8折。这一套原价888，打折后的价格是710元。
（售货员给顾客开小票以后）
售货员：您拿着这张小票去交钱，收银台在那边。
（在收银台）
收银员：您好，一共是710元。
顾　客：这儿可以刷卡吗？
收银员：可以刷卡。
顾　客：麻烦你给我开张发票好吗？
收银员：付款单位写哪儿？
顾　客：写"个人"就行。

生 词 New words

1. 套	tào	（量）	set of
2. 茶具	chájù	（名）	tea set
3. 原价	yuánjià	（名）	original price
4. 打折	dǎ zhé		to discount
5. 小票	xiǎopiào	（名）	receipt
6. 收银台	shōuyíntái	（名）	cash desk
7. 刷卡	shuā kǎ		to pay by credit card
8. 发票	fāpiào	（名）	invoice
9. 付款	fù kuǎn		to pay
10. 单位	dānwèi	（名）	organization
11. 个人	gèrén	（名）	individual

填一填 Fill in the blanks

我今天去买了一（　　　）茶具，这家商店正在（　　　），（　　　）888元，现价710元。我拿着售货员开的（　　　）到（　　　）交钱，我没付现金，是（　　　）买的，我还让他们给开了一张（　　　）。

练一练 Let's practise

一、关于打折 Discount

顾　客₁：你们正在打折，是不是？
顾　客₂：这套茶具打折吗？

售货员₁：对，茶具都打8折。
售货员₂：所有商品一律打8折，茶具6折起。

☆练习一 Exercise 1☆
根据下面的表格练习对话，顾客问售货员商店打折的情况。
Make a conversation where one person is a customer, the other a salesman, using the information given below.

商　品	打折情况
空　调	9.8折
小家电	8折起
西　装	5~7折

二、开发票 Making an invoice

顾　客₁：麻烦你给我开张发票好吗？
顾　客₂：开一张发票。
顾　客₃：我要一张发票。

收银员₁：付款单位写哪儿？
收银员₂：抬头¹怎么写？
收银员₃：个人还是单位？

顾　客₁：写"个人"就行。
顾　客₂：写我的名字，李汉成，"汉语"的"汉"，"成功"的"成"。
顾　客₃：写"五星电器集团"。

¹ 抬头　táitóu　（名）　title, payer

☆练习二 Exercise 2☆
按下面的抬头,请收银员给你开一张发票。
Ask the cashier to make an invoice for you. Choose the payer of the invoice from the points below.

(1) 三星电子公司　　　　(2) 你的姓名　　　　(3) 个人

 认一认 Let's recognize

汉语中的数字分小写(如,一、二、三)和大写(如,壹、贰、叁)两种。大写数字主要用来表示钱的数目,汉字结构比较复杂,不容易改动。商务活动中票据上的数字在特定的位置需要用大写数字,发票也是这样。

The Chinese numerals can be broken down into two systems: the ordinary form (e.g. 一,二,三) and the capital form (e.g. 壹,贰,叁). The latter is mainly used with currency. The structures of these characters are so intricate that the characters can not be intentionally changed. The numerals in the capital form are usually required on bills, especially invoices.

阿拉伯数字	0	1	2	3	4	5	6	7	8	9	10	100	1000
小写数字	○	一	二	三	四	五	六	七	八	九	十	百	千
大写数字	零	壹	贰	叁	肆	伍	陆	柒	捌	玖	拾	佰	仟

例:人民币壹仟贰佰元整＝人民币一千二百元整＝人民币1200元整

☆练习 Exercise☆
说一说下面大写的数字是多少。
Tell what the exact number is.

1. 人民币肆佰陆拾伍元　　　　　465
2. 人民币捌拾玖元
3. 人民币壹仟零叁拾元
4. 人民币伍万肆仟贰佰元
5. 人民币柒仟捌佰贰拾壹元

 说一说 Let's talk

你去商店买龙井茶,参照下面左边的提示和右边的茶叶价格表,两个人一组完成这段对话。
You are at a tea shop in order to buy Long Jing tea. Make a conversation with your partner using the following two boxes as reference. The left box shows the conversation structure, while the right one shows the tea's price information.

☀ **提示 Hints**

售货员：欢迎光临！您要买点儿什么茶叶？
顾　客：龙井茶怎么卖？
售货员：……
顾　客：……（说买哪种）
售货员：……（问多少）
顾　客：……
售货员：……（多少钱）
顾　客：……（刷卡）
售货员：……
顾　客：……（开发票）
……

龙井茶价格表	
种类	价格（单位：500克）
特级	600元
一级	500元
二级	300元

3

时代商场店庆促销活动

　　时代商场位于北京市中心，是北京著名的大型百货公司。商场地下2层，地上11层，建筑面积67,000平米，营业面积62,000平米，有500个停车位。商场从1986年成立到现在已有20多年历史，为了迎接本次店庆，本商场将在本月举办大型促销活动。

活动内容：

　　活动期间所有商品一律8.8折，部分商品6折，另外，消费满100元返20元购物券，活动期间还有更多更好的礼物等着您。

活动时间：6月18—28日
营业时间：9:00—21:00
　　　　　9:00—22:00（周末）
咨询电话：82148130、82148365、
　　　　　82148410

生 词 New words

1. 店庆	diànqìng	（名）	anniversary
2. 促销	cùxiāo	（动）	sales promotion
3. 面积	miànjī	（名）	area
4. 营业	yíngyè	（动）	to carry on business
5. 停车位	tíngchēwèi	（名）	parking space
6. 举办	jǔbàn	（动）	to hold
7. 一律	yílǜ	（副）	without exception
8. 消费	xiāofèi	（动）	to consume
9. 返	fǎn	（动）	to return
10. 购物券	gòuwùquàn	（名）	shopping voucher
11. 咨询	zīxún	（动）	to consult

 填一填 Fill in the blanks

时代商场简介	
地理位置	
楼层	地下 _____；地上 _____
面积	建筑面积 _____ 营业面积 _____
停车位	
成立时间	
营业时间	

 说一说 Let's talk

1. 根据上面的表格，介绍一下时代商场的情况。
   According to the table above, make an introduction about Modern Plaza.

   提示 Hints

   时代商场是北京著名的 _____。商场位于 _____，地下两层……

2. 两个人一组，向你的朋友介绍一下时代商场的促销活动。
   Tell your partner about the promotion at Modern Plaza.

 提示 Hints

> A：你知道哪个商场正在搞促销活动吗？我想去买……
> B：我推荐你去时代商场，他们正在举办促销活动，所有商品……
> A：不错，我想去看看。这次活动到什么时候（结束）？
> B：……

 练一练 Let's practise

"本"的用法（2）Usage of the word "本"（2）

> 1. 本商场将在本月举办大型促销活动。
> 2. 这是我们部门本年度的工作计划。
> 3. 我们将在本周五举行酒会庆祝本公司成立20周年，敬请光临。

☆练习 Exercise☆
根据下面句子的意思，用"本"说一说。
Paraphrase the following sentences with "本".

1. 公司将从这个星期开始放7天假。

2. 请你把这个学期的学生名单给我。

3. 我们公司新生产的手机这个月上市。

4. 今年的世界500强公司名单中有20家中国公司。

试一试 Let's try

你是一家饭店的副经理，想在春节期间搞一次优惠活动。请你把你的计划告诉经理，要求说明以下几个方面：
You, as a vice-manager of a hotel, are going to hold a promotion during the Spring Festival. Please tell the manager about your plan. The following points must be covered:

（1）活动的原因
（2）活动的时间
（3）活动的内容
时间：2分钟

附 录 Appendix

北京增值税专用发票　　№

发票联

开票日期：

购货单位	名　称：
	纳税人识别号：
	地址、电话：
	开户行及帐号：

密码区

货物或应税劳务名称	规格型号	单位	数量	单价	金额	税率	税额
合　计							

| 价税合计（大写） | （小写） |

销货单位	名　称：
	纳税人识别号：
	地址、电话：
	开户行及帐号：

备注

收款人：　　　　复核：　　　　开票人：　　　　销货单位：（章）

国税函〔2008〕562号北京印刷厂

第三联：发票联 购货方记帐凭证

第七课

请问到中友大厦怎么走？

1

史密斯：对不起，打扰一下，请问到中友大厦怎么走？

路　人：你顺着这条路往前走，在前面的路口右拐，一直往前走有一座天桥，中友大厦就在天桥附近。

史密斯：在前面第一个路口右拐吗？

路　人：对，就是那个有红绿灯的路口。

史密斯：离这儿远不远？

路　人：不算太远，走路大概20分钟就到了。

史密斯：谢谢你！

路　人：不客气。

 **生词** New words

1. 打扰	dǎrǎo	（动）	to bother
2. 顺着	shùnzhe	（介）	along
3. 拐	guǎi	（动）	to turn
4. 天桥	tiānqiáo	（名）	overpass
5. 附近	fùjìn	（名）	nearby

| 6. 红绿灯 | hónglǜdēng | （名） | traffic lights |
| 7. 大概 | dàgài | （副） | about |

专名 Proper noun

| 中友大厦 | Zhōngyǒu Dàshà | Zhongyou Plaza |

 练一练 Let's practise

一、问路 Asking directions

（一）

A：对不起，打扰一下，请问到中友大厦怎么走？

B₁：你顺着这条路往前走，在前面的路口右拐，一直往前走有一座天桥，中友大厦就在天桥附近。

B₂：在前面的路口右拐，一直往前走，然后在第一个十字路口再右拐，对面就是中友大厦。

（二）

A：打扰一下，请问附近有没有超市？

B₁：在前面的路口往右拐，往前走大概五六百米，你左手边有一家。

B₂：顺着这条路往前走，过了前面那座大厦有一家超市。

（三）

A：请问，附近哪儿有公用电话(/公共厕所/自动取款机[1])？

B：顺着这条路往回走，在前面拐角[2]的地方就有。

☆练习一 Exercise 1☆

根据下面的地图，两个人做问路练习，说明下列地方的位置。

Ask directions to the places below. The answers are in the map below. Make sure to include their exact location in the directions you give.

（1）中国银行
（2）邮局
（3）东方大厦

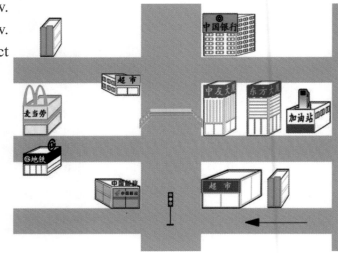

---

[1] **自动取款机**　zìdòng qǔkuǎn jī　ATM

[2] **拐角**　guǎijiǎo　（名）　corner

二、寻找标志建筑 Finding a landmark

1. 在前面的路口右拐,一直往前走有一座天桥,中友大厦就在天桥附近。
2. 一直往前走,有一家中国银行,过了银行再走几百米就到了。
3. 前面那座大楼对面(/里面/地下一层/附近/旁边/隔壁)有一家超市。

☆练习二 Exercise 2☆
根据练习的地图,问一下你同伴附近有没有下列建筑。
Look at the map in Exercise 1. Ask your partner whether there are the buildings mentioned below nearby.

(1) 加油站
(2) 地铁站

三、询问建筑物内的位置 Asking where inside a building something is located

(一)

A:请问,中友软件公司在几层(/几楼)?
B₁:就在这一层。
B₂:8层(/楼),下了电梯左拐,顺着走廊[1]一直走就能看到。

(二)

A:请问,洗手间(/卫生间/试衣间)在哪儿?
B:往前走,走到头左拐就是。

☆练习三 Exercise 3☆

1. 两个人一组,一个扮演顾客,去服务台问下列商品在哪个楼层,另一个扮演服务员,根据右边的楼层分布表回答。
   Work in pairs. One plays customer who wants to know where a certain commodity is (see the left box). The other plays receptionist who gives the directions (see the right box).

顾客想知道:
1. 玩具……………( )
2. 休闲服装…………( )
3. 女士服装…………( )
4. DVD……………( )

楼层分布表	
地下一层	超市、音像图书
一层	化妆品、珠宝首饰、服务台
二层	女士服装
三层	男士服装
四层	运动、休闲服装
五层	儿童服装、玩具

[1] 走廊 zǒuláng （名） corridor

2. 下面是一家酒店的平面图,到总服务台问问下列地方在哪儿。

Here is the layout of a hotel's first floor. Ask the receptionist for directions to the places below.

（1）商务中心
（2）105 房间
（3）116 房间
（4）101 房间

 提示 Hints

A：请问 107 房间在哪儿?

B：从这儿一直往前走,然后右拐,(过了楼梯口)左边第一个房间就是。

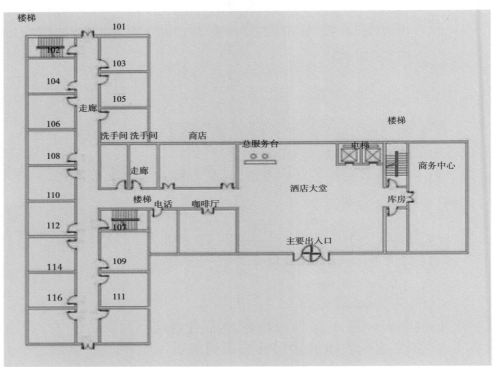

认一认 Let's recognize

下面是一些常见的标志,你知道用汉语怎么说吗? 这里给出一部分名称,给它们找到合适的位置。

Below are some commonly seen signs. Do you know to say them in Chinese? Here are some names for them. Match the characters with the sign.

人行横道　停车场　自动扶梯　　过街天桥　地铁　电车
地下通道　丁字路口　直行电梯　红绿灯　十字路口　公共汽车

十字路口

2

史密斯：请问，到中友大厦应该怎么坐车？

警　　察：先坐106路公共汽车，在动物园站下车，再换乘101路电车，终点站就是中友大厦。

史密斯：有没有直达的车？

警　察：附近没有,必须倒一次车。
史密斯：看来只能坐106路了。请问,附近哪儿有106路车站?
警　察：前面的路口右拐,然后一直往前走,过了十字路口就到了。
史密斯：右拐直走,对吗?
警　察：对,车站旁边有一家大商场,不难找。
史密斯：知道了,谢谢你!
警　察：不用客气。

生词 New words

1. 换乘	huànchéng	（动）	to transfer
2. 终点站	zhōngdiǎnzhàn	（名）	terminal station
3. 直达	zhídá	（动）	non-stop,direct
4. 倒车	dǎo chē		to transfer

找一找 Let's find

根据课文2内容找到106路车站的位置,然后告诉你的同伴该怎么走。
According to the text 2 , find out where bus 106's stop is. Then give the direction to your partner.

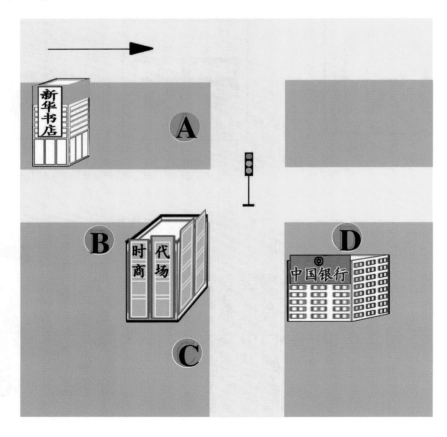

练一练 Let's practise

一、询问怎么坐车 Asking for information about bus taking

A₁: 请问,到故宫应该怎么坐车?
A₂: 请问,到故宫应该坐哪趟车?
B₁: 坐1路车,在天安门站下车。
B₂: 从这儿坐地铁1号线,在天安门东站下车。

☆练习一 Exercise 1☆

1. 两个人一组,一人查下面的交通路线,一人问到下列地方怎么坐车。
   Work in pairs. One reads through the following box to be familiar with the buses' routes. The other asks directions to the places below.

   (1)人民大学
   (2)人民公园
   (3)双安商场
   (4)国际饭店

   12路:展览馆—人民公园—京广大厦—花园桥—北京站—北京儿童医院
   302路:中关村—双安商场—人民大学—大钟寺—学院路—和平街—西单
   512路:六里桥—国际饭店—新华路口—民族园—科技馆—体育大学

2. 查看下页的北京地铁路线图,告诉你的同伴到下面这些地方怎么坐地铁。
   Check through Beijing Subway Map at the next page. Tell your partner for directions to the places below.

   (1)前门
   (2)五道口
   (3)国贸
   (4)北京站

二、询问怎么换乘 Asking for information about transferring

A: 请问,到中友大厦应该怎么坐车?
B₁: 先坐106路公共汽车,在动物园站下车,再换乘101路电车,终点站就是中友大厦。
B₂: 坐106路到西直门站换乘(/换/倒)2号线地铁,在东四十条站下车。

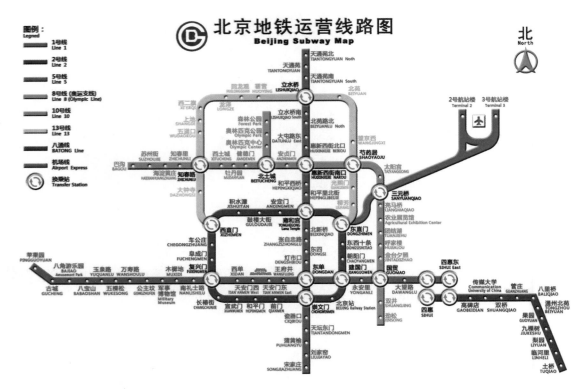

☆练习二 Exercise 2☆

1. 以下是北京两条公共汽车路线,问一下你的同伴遇到下面情况怎么坐车。

There are two buses' routes in the box below. Ask your partner how to take the buses in the situation below.

（1）从中关村到动物园　　　　（2）从北京二中到西单

> 302路：中关村—双安商场—人民大学—大钟寺—学院路—和平街—西单
> 332路：北京大学—清华路—北京二中—人民大学—西红门—北京医院—动物园

2. 根据前面的地铁路线图,问一下同伴下列情况怎么坐地铁。

Look at the Beijing Subway Map. Ask your partner how to take subways in the situation below.

（1）从五道口到北京站　　　　（2）从国贸到前门

三、询问站名信息 Asking for information about the station

> 1. 这趟车到西单(/国际饭店)吧?
> 2. 到西单还有几站?
> 3. 下一站是哪儿?
> 4. 我想去西单,应该在哪一站下车?

☆练习三 Exercise 3☆

你正在坐302路公共汽车,问一下售票员上面的问题。

You are on the bus 302. Ask the conductor the questions in the box above.

3

本公司成立于1990年,是一家中型电脑软件公司,主要研究、开发各种电脑软件。我们真诚欢迎来自国内外的朋友与我们洽谈、合作。我们公司位于北京市北部的东方大厦,距市中心仅15公里,交通便利,来公司的客户可以选择以下交通路线:

一、自驾车路线

1. 沿北三环路在联想桥向北转到清东路,直行1800米左右,路西即可看到东方大厦。

2. 沿北四环路至安福桥,向南转到清东路,直行300米右手边。

二、公交车路线

1. 乘坐65、320路在东方大厦站下车即到。

2. 乘坐384、735在安福桥站下车,向东走100米,在十字路口右拐。

三、地铁路线

乘坐13号线地铁在知春路站下车,向西走200米左右在花园饭店路口向北拐,步行10分钟即可到达东方大厦。

 **生 词** New words

1. 软件	ruǎnjiàn	（名）	software
2. 开发	kāifā	（动）	to develop
3. 真诚	zhēnchéng	（形）	sincerely
4. 选择	xuǎnzé	（动）	to choose
5. 路线	lùxiàn	（名）	route
6. 自驾车	zì jià chē		to drive by oneself
7. 沿	yán	（介）	along

8. 转　　　　zhuǎn　　　　（动）　　　　to turn
9. 即　　　　jí　　　　　（副）　　　　right, exactly
10. 至　　　　zhì　　　　（动）　　　　to arrive

专名 Proper noun

1. 东方大厦　　　Dōngfāng Dàshà　　Dongfang Plaza
2. 安福桥　　　　Ānfú Qiáo　　　　Anfu Bridge
3. 北三环路　　　Běisānhuán Lù　　North 3rd Ring Road
4. 北四环路　　　Běisìhuán Lù　　　North 4th Ring Road
5. 联想桥　　　　Liánxiǎng Qiáo　　Lianxiang Bridge
6. 清东路　　　　Qīngdōng Lù　　　Qingdong Road
7. 知春路　　　　Zhīchūn Lù　　　Zhichun Road

问一问 Let's ask

看着下面的地图,根据课文内容问一问同伴下列情况到东方大厦怎么走。

Look at the map below. According to what we learned ask your partner how to get to 'Dongfang Plaza' in a different situation given below.

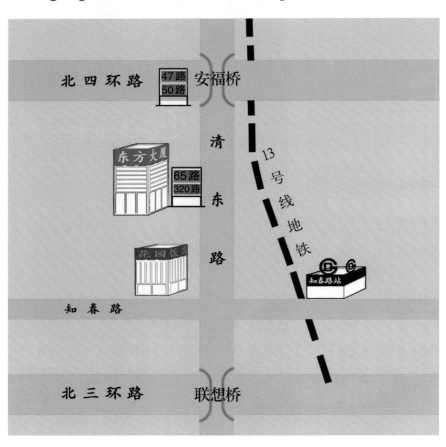

1. 在13号线地铁知春路站
2. 在47路公共汽车安福桥站
3. 坐320路公共汽车
4. 自己开车走北四环路

 说一说 Let's talk

如果你是课文中的公司的经理，请你介绍一下你们的公司，要求说明以下几点：
You are the manager of the company in the text. Please introduce your company. You should cover the following points:

（1）成立时间；
（2）主要业务；
（3）地理位置；
（4）欢迎客户参观。

第八课

我想换钱

1

（在银行）

营业员：先生，你好！

史密斯：你好！我想开一个账户，需要办理哪些手续？

营业员：您要开定期账户还是活期的？

史密斯：活期的。

营业员：您要填一张开户申请表，另外还需要出示您的证件。

史密斯：开账户有最低金额限制吗？

营业员：如果是活期账户，最少要存5元。

（填完申请表）

史密斯：这样可以吗？

营业员：可以，请您在右下角签上名字。

 生 词 New words

1. 账户	zhànghù	（名）	bank account
2. 定期	dìngqī	（形）	fixed (account)
3. 活期	huóqī	（形）	current (account)

4. 填	tián	（动）	to fill in
5. 申请	shēnqǐng	（动）	to apply
6. 证件	zhèngjiàn	（名）	ID certificate
7. 金额	jīn'é	（名）	amount of money
8. 限制	xiànzhì	（动）	restriction
9. 存	cún	（动）	to put money in

填一填 Fill in the blanks

今天我去银行开了一个（　　　），是（　　　）的。先（　　　）了一张开户申请表并在上面签名，营业员还要求我出示（　　　）。开户有最低数额（　　　），如果是（　　　）账户，最少要（　　　）5元。

练一练 Let's practise

一、开户 Opening an account

> 1. 我想开一个活期(/定期)账户。
> 2. 我想开一个整存整取[1]的定期账户。
> 3. 我想开一个既可以存人民币又可以存外币的账户。
> 4. 我想开一个整存整取的定期账户，存期[2]是一年。

☆练习一 Exercise 1☆
两个人一组，根据提示做问答练习。
Work in pairs to complete the conversation.

提示 Hints

> 问₁：你想开活期账户还是定期账户？
> 问₂：你想开什么账户？
> 答：……

---

[1] **整存整取**　zhěng cún zhěng qǔ　to deposit and withdraw money in lump sum

[2] **存期**　cúnqī　（名）　deposit period, term

新丝路——中级速成商务汉语 I
XINSILU ZHONGJI SUCHENG SHANGWU HANYU I

二、金额限制 Amount limitation

1. 开账户(/存款[1])有最低金额限制吗?
2. 开账户的最低金额是多少?
3. 开账户的起存金额是多少?
4. 活期账户的起存点是多少?
5. 取款[2]有最高金额限制吗?

☆练习二 Exercise 2☆

两个人一组,根据下面的表格用上面的句型问一下金额限制的问题。

Work in pairs. Using sentences in the box above, talk about the amount restriction below.

种　类	最低金额	最高金额
活期	5元	无
定期	50元	无
ATM取款	50元或100元	每次2000元,一天10000元

 说一说 Let's talk

你的朋友想到银行开一个账户,可是不知道怎么办手续,请你告诉他(/她)。

One of your friends wants to open an account but does not know how to do it. Tell him / her the procedure.

 提示 Hints

朋友:你知道怎么在银行开账户吗?
你：　开户手续很简单,……,别忘了带……,办手续的时候要出示一下。另外,……
　　　(最低金额问题),如果是……

2

(在银行)

接待员:您好!请问您要办理什么业务?
史密斯:我想换钱。请问美元对人民币的汇率是多少?

---

[1] 存款　cún kuǎn　to deposit

[2] 取款　qǔ kuǎn　to withdraw money

84

营业员：今天的汇率是1美元对8.1元人民币。

史密斯：我想换人民币，这是1000美元。

营业员：好的。请您填一下这张兑换单。

史密斯：这样填行吗？

营业员：没问题。这是8100元人民币，请您点点。

史密斯：谢谢！我想存8000块，这是存折。

营业员：好的，请稍等。您看一下这张单子，没问题的话请在右下角签名。

（史密斯在存款单上签名）

营业员：这是您的存折，请收好。欢迎再来！

史密斯：非常感谢！

 生词 New words

1. 换钱	huàn qián		to exchange money
2. 汇率	huìlǜ	（名）	exchange rate
3. 兑换单	duìhuàndān	（名）	exchange form
4. 点（钱）	diǎn(qián)	（动）	to count, to check the number
5. 存折	cúnzhé	（名）	passbook
6. 单子	dānzi	（名）	form

 填一填 Fill in the blanks

　　我到银行（　　　），今天美元对人民币的（　　　）是1∶8.1，我用1000美元（　　　）了8100元人民币，拿到钱以后我又（　　　）了8000元。现在（　　　）手续很简单，你告诉营业员存多少钱，给他存折，营业员会给你一张（　　　），你检查一下有没有问题，然后签名就行了。

 **练一练** Let's practise

一、银行业务 Banking business

A：	请问您要办理什么业务？
B₁：	我想存钱(/换钱/销户¹)。
B₂：	我的存折(/银行卡)丢了，我想挂失²(/办理挂失)。

---

¹ 销户　xiāo hù　to close an account

² 挂失　guàshī　（动）　to report loss of sth.

☆练习一 Exercise 1☆

你是银行的营业员,问一下客户要办理什么业务。

You are a bank clerk. Ask the customer what matters he/she would like to attend to.

（1）开户/销户

（2）取钱

（3）查余额[1]

（4）挂失

二、存钱、取钱和换钱 Depositing, withdrawing and changing money

1. 我想存钱(/取钱/换钱)。

2. 我想取 5000 元。

3. 我想把美元(兑)换成人民币。

4. 500 美元能兑换多少人民币?

5. 请给我一些小(/大)面值[2]的,我想要面值 50 元的。

☆练习二 Exercise 2☆

1. 下面是一张存折的一部分,请你说说存钱和取钱的情况。

Here is part of a passbook below. Tell the deposit amount or withdrawal amount during different periods.

日 期 DATE	币种 CURR.	钞/汇 C/E	注 释 NOTES	支出（－）或存入（＋） WITHDRAWAL OR DEPOSIT	结 余 BALANCE	网点号 S.N.	操 作 OPER.
11 20081002	RMB		存款	5,000.00	￥ 5,000.00	11015	
12 20081106	RMB		存款	1,000.00	￥ 6,000.00	11015	
13 20081216	RMB		取款	2,000.00	￥ 4,000.00	11018	
14 20090120	RMB		利息	48.00	￥ 4,048.00	11025	

例：2008 年 10 月 2 号存了 5000 元。

2. 你和同伴练习到银行换钱的对话。

Practise exchanging money with your partner.

 提 示 Hints

营业员：欢迎光临！请问……

顾　客：……（换钱）

营业员：……（多少）

顾　客：……（金额、面值）

---

[1]　余额　　yú'é　　（名）　balance

[2]　面值　miànzhí　（名）　denomination

三、汇率和利率[1] Exchange rate and interest rate

（一）汇率 Exchange rate

A_1：请问美元对人民币的汇率是多少？

A_2：请问今天人民币的汇率是多少？

B_1：今天的汇率是1美元对8.1元人民币。

B_2：美元对人民币的汇率是1：8.1。

B_3：1美元可以（兑）换8.1元人民币。

☆练习三（一）Exercise 3.1☆

根据下面人民币汇率表，两个人一组做问答练习。

Here is the table of RMB exchange rates. Practise questions and answers in pairs.

外币名称	货币简称	单位	汇率	发布日期
美元	USD	100	681.5900	20090324
港币	HKD	100	87.9500	20090324
英镑	GBP	100	998.5100	20090324
日元	JPY	100	6.9263	20090324

（二）利率 Interest rate

A_1：请问活期存款的年利率（/月利率）是多少？

A_2：请问定期存款（/整存整取）的利率是多少？

B_1：活期存款的月利率是0.6%，年利率是0.72%。

B_2：一年期整存整取的利率是2.25%。

☆练习三（二）Exercise 3.2☆

根据下面的利率表，两个人一组做问答练习。

Here is the table of the interest rates. Practise questions and answers in pairs.

		月利率（‰）	年利率（%）
活期		0.70	0.92
定期	三个月	1.52	1.71
	半年	1.72	2.07
	一年	1.87	2.25
	两年	2.25	2.70

试一试 Let's try

1. 你到银行存钱，问一下银行职员当前的利率，两个人一组参考下面的提示进行对话。

   Now you are at the bank. You want to deposit money. Ask the bank clerk about interest rate. Here are some hints below.

---

[1] 利率　lìlǜ　（名）　interest rate

 提示 Hints

> 营业员：欢迎光临！请问……（业务）
> 顾　客：……
> 营业员：……（多少）
> 顾　客：……。顺便问一下，……（利率）
> 营业员：……
> ……

2. 你到银行换钱，你的同伴是银行职员。两个人一组参考下面的提示进行对话。
   You want to exchange money in the bank. Make a conversation with your partner who is a bank clerk. Here are some hints below.

提示 Hints

> 营业员：你好！欢迎光临！
> 顾　客：你好！……（汇率）
> 营业员：……
> 顾　客：……（兑换）
> 营业员：……
> ……

3

20世纪80年代中国刚开始发行银行卡的时候，银行卡是一种财富的象征。随着银行卡的普及，现在使用的人越来越多，一个人有几张卡也很正常，银行卡成了日常生活的一部分。据统计，到2005年底，中国各家银行已经发行了9.6亿张银行卡。随着银行卡使用人数的增加，使用存折的人少了。因为和存折相比，银行卡有很多优势。银行卡除了有存折的存款、取款功能外，还可以ATM取款、刷卡消费、网上消费等，这些功能存折都没有。现在个人办理银行卡的手续越来越简单，只要拿着本人证件填一张申请表就可以，所以使用的人越来越多。

生词 New words

1. 发行	fāxíng	（动）	to issue
2. 银行卡	yínhángkǎ	（名）	bank card
3. 财富	cáifù	（名）	fortune
4. 象征	xiàngzhēng	（名）	symbol
5. 普及	pǔjí	（动）	to popularize
6. 据	jù	（介）	according to
7. 统计	tǒngjì	（动）	statistics
8. 增加	zēngjiā	（动）	to increase
9. 优势	yōushì	（名）	advantage
10. 功能	gōngnéng	（名）	function

答一答 Let's answer

根据课文内容回答下面的问题。

According to the text answer the questions below.

1. 中国是什么时候开始发行银行卡的？
2. 为什么以前银行卡是财富的象征？现在还是吗？为什么？
3. 到2005年底，中国各家银行一共发行了多少张银行卡？
4. 存折有什么功能？
5. 和存折比，银行卡有哪些优势？
6. 怎么办理银行卡？
7. 你认为为什么使用银行卡的人越来越多？

练一练 Let's practise

一、"随着"的用法 Usage of the word "随着"

> 1. 随着银行卡的普及，现在使用的人越来越多。
> 2. 随着经济的发展，人们的收入也增加了。
> 3. 随着社会的变化，人们的需要也在不断变化。

☆练习一 Exercise 1☆
根据下面句子的意思，用"随着"来说一说。
Paraphrase the following sentences with "随着".

1. 现在人们的收入增加了,外出旅游的人越来越多。

   _____。

2. 公司业务发展了,公司需要更多的员工。

   _____。

3. 汉语水平提高了,我也越来越了解中国。

   _____。

4. 网络发展了,买电脑的家庭越来越多。

   _____。

二、"和……相比"的用法 Usage of the word structure "和……相比"

1. 和存折相比,银行卡有很多优势。
2. 和那家超市比,这家商店东西要贵一些(/贵10%左右)。
3. 和2000年相比,我们公司的员工人数增加了30%。

☆练习二 Exercise 2☆

下面是某公司从2000年到2005年的员工平均月工资统计表。请你用"和……相比"说明这张图表。

Look at the following bar graph. Talk about the average salary per month from 2000 to 2005 using "和……相比".

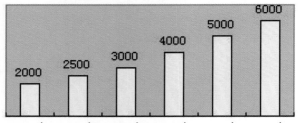

员工平均月工资(单位:元)

2000年 2001年 2002年 2003年 2004年 2005年

 说一说 Let's talk

你的朋友对银行卡不太了解,你给他(/她)介绍一下,要求用自己的话,不要看课文,可以参考提示。

Your friend knows little about bank cards. Give him/her an introduction using your own words. Here are some hints in the box below.

提示 Hints

你：我建议你去办一张银行卡。

朋友：银行卡不就是取钱、存钱吗？我用存折就行，为什么要再办一张卡？

你：和存折比起来，银行卡有很多优势……

朋友：听你这么一说，我还真想去办一张卡，你知道怎么办吗？

你：办卡的手续很简单……

朋友：要是卡丢了怎么办？

你：如果你的银行卡丢了或者被偷了……

附　录 Appendix

存款利率表
（2004年10月29日起执行）

项目		利率	月利率（‰）	年利率（%）
活　期			0.60	0.72
定期	整存整取	三个月	1.425	1.71
		半年	1.725	2.07
		一年	1.875	2.25
		二年	2.25	2.70
		三年	2.7	3.24
		五年	3	3.60
	零存整取	一年	1.425	1.71
	整存零取	三年	1.725	2.07
	存本取息	五年	1.875	2.25

第九课

我想租一套房子

1

（在中介公司）

业务员：你好！欢迎光临爱家房屋中介公司。

史密斯：你好！我想租一套房子。

业务员：您对房子有什么要求？

史密斯：我希望在东直门附近，最好有家具、家电。

业务员：您想要多大的？

史密斯：要宽敞一些，不能太小了，两室一厅、两室两厅都可以。

业务员：您稍等，我查一下有没有符合您要求的。

（查电脑资料）

业务员：在东直门附近有一套房子，两室两厅，120平方米，家具、家电齐全。

史密斯：房租是多少？

业务员：房租是每月5000元，您觉得怎么样？

史密斯：还可以。我想这个周末去看一看，可以吗？

业务员：没问题，我给您安排看房。请您留下联系方式，安排好了我通知您看房时间。

史密斯：这是我的名片，有消息给我打电话。

业务员：好的，这是我的名片，请多多关照。

 生 词 New words

1. 中介	zhōngjiè	（名）	agency
2. 业务员	yèwùyuán	（名）	clerk
3. 租	zū	（动）	to rent
4. 家电	jiādiàn	（名）	electric appliance
5. 宽敞	kuānchang	（形）	spacious
6. 厅	tīng	（名）	hall, sitting room
7. 符合	fúhé	（动）	to meet one's needs
8. 齐全	qíquán	（形）	well-appointed
9. 房租	fángzū	（名）	rent

专 名 Proper noun

1. 爱家房屋中介公司	Àijiā Fángwū Zhōngjiè Gōngsī	Aijia Real Estate Agenay
2. 东直门	Dōngzhímén	name of a place

 填一填 Fill in the blanks

　　今天我去了一家房屋（　　）公司,请他们帮忙（　　）一（　　）房子。我希望房子在东直门附近,这样上下班比较方便;家具、（　　）最好比较（　　）,这样我就不用买了;房子不能太小,应该（　　）一些。（　　）告诉我有一套两室两（　　）的房子很（　　）我的要求,（　　）是每月5000元,我觉得不错,打算这个周末去看看。

练一练 Let's practise

一、户型与面积 Floor plans and area

> 1.(这套房子)两室两厅,120平米。
> 2.这套房子三室两厅两卫,一个阳台,180平方米。

☆练习一 Exercise 1☆
看下面两张房屋平面图,说明户型与面积。
Here are two floor plans. Talk about the layout and area respectively.

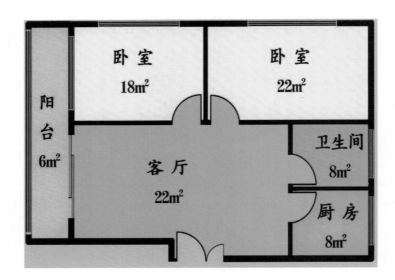

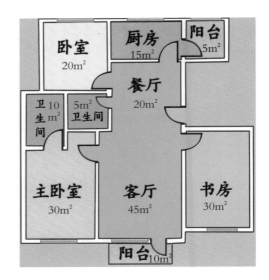

二、对房屋的要求 Stating your request for housing

A₁：您对房子有什么要求？

A₂：您希望租一套什么样的房子？

B₁：我希望在东直门附近，最好有家具、家电。

B₂：我希望在地铁站或公交车站附近，交通方便；有宽带[1]，能上网。

☆练习二 Exercise 2☆

你是中介公司的业务员，问一下客户想租什么样的房子。

You are a real estate agent. Ask about customer's needs.

（1）一室一厅，50平方米左右

（2）小区治安[2]比较好、安静，不要一楼

（3）北方大学附近，两居室，家具、家电齐全

（4）房租每月1500元左右，交通、购物方便，有简单的家具

三、房屋信息 Information about the house/apartment

在东直门附近有一套房子，两室两厅，120平方米，家具、家电齐全。

☆练习三 Exercise 3☆

你想出租一套房子，有人打电话问你房子的情况，请你给他介绍一下。注意：介绍房屋的信息应该包括位置、面积、家具、交通、环境等。请参考下面的提示和出租广告。

Now you have an apartment for rent and are receiving a call from someone who wants to rent it. Complete the conversation with your partner. When recommending

---

[1] 宽带　kuāndài　（名）　broadband
[2] 治安　zhì'ān　（名）　public order

house condition such as location, area, funitures, transportation and environmental situation should be included.Here are also some advertisements below as reference.

 提示 Hints

> A：喂，你好！听说你要出租一套房子，能给我介绍一下房子的具体情况吗？
> B：好的。这套房子……

房屋出租
地址：东城区三元桥附近东方小区
户型：2室2厅2卫
面积：150
楼层：2层（共20层）
设施：电话、有线电视、宽带、家具、
　　　冰箱、空调、洗衣机、热水器
租金：6500元/月
联系方式：82816544　王先生

出租
清河路白云小区两居室，新装修，家具电器齐全，2台空调，宽带。距东直门地铁口600米，附近有10多条公交线路。房租1900元/月。1年起租。中介勿扰。
电话：61977355刘先生
（晚21:00后）

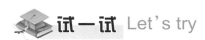 试一试 Let's try

你到房屋中介公司租房子，告诉业务员你对房屋的要求并商量看房。和你的同伴根据下面的提示表演这段对话。

You are in the house agency. Talk with the agent about your needs and about checking out the room. Work in pairs to prepare this conversation. Then perform it.

 提示 Hints

> 业务员：你好！欢迎光临！
> 客　户：你好！我想……
> 业务员：……（面积）
> 客　户：……
> 业务员：……（其他要求）
> 客　户：……（地点、楼层、家具、家电、房租、交通等）
> 业务员：这套房子您看怎么样？……（介绍房子情况，应和客户要求差不多）
> 客　户：听起来很不错，我什么时候能去看一看？
> 业务员：……
> ……

2

（史密斯先生和房东在看房子）

房　东：这套房子我刚装修过，家具和
　　　　各种电器几乎都是新的。

史密斯：不错，房子宽敞舒适，也很安
　　　　静，我很满意。这个小区的治安
　　　　怎么样？

房　东：这儿的治安很好，不用担心安全问题。

史密斯：那我就放心了。房租是多少？

房　东：租金是每个月5000元，每三个月付一次；另外您还要付
　　　　5000元的押金。

史密斯：房租包括物业费、水费、电费在内吗？

房　东：房租只包括物业费，水费、电费和煤气费都要您自己付。

史密斯：我们要签一份租房协议是吧？

房　东：对，房租和押金会写在协议里。

史密斯：我什么时候可以搬进来？

房　东：这套房子现在空着，签了协议您随时都可以住进来。

生 词 New words

1. 房东	fángdōng	（名）	landlord
2. 装修	zhuāngxiū	（动）	to decorate
3. 舒适	shūshì	（形）	comfortable
4. 安静	ānjìng	（形）	quiet, peaceful
5. 治安	zhì'ān	（名）	public order
6. 租金	zūjīn	（名）	rent
7. 包括	bāokuò	（动）	to include
8. 押金	yājīn	（名）	cash deposit
9. 物业	wùyè	（名）	property management
10. 煤气	méiqì	（名）	gas
11. 协议	xiéyì	（名）	agreement

填一填 Fill in the blanks

我今天约了（　　）去看房子。这套房子刚刚（　　）过，宽敞（　　），我很满意。房东说小区的（　　）很好，住在这里很安全。（　　）是 5000 元/月，只（　　）物业费，我要自己付水费、电费、（　　）费，另外还要交 5000 元（　　）。现在房子空着，我随时都可以（　　）进去，在此之前我们要签一份（　　）。

记一记 Let's remember

"费"表示"做某事要付的钱"。请你根据提示在表格相应的位置写出和"费"有关的词语，越多越好。

"费" means "an amount of money that you pay for something". Use "费" to make words and fill in the form, the more the better.

费	打电话	找中介	用电	用水	用煤气	上学	住宾馆
	电话费	中介费					
	生活	吃饭	交通工具	加班	办理手续	做广告	动手术
	打手机	用暖气	物业公司	不用交钱			
					服务费	小费	

练一练 Let's practise

一、房租问题 About renting housing

1. 房租(/租金)是多少？
2. 房租是月付吗？
3. 房租怎么付？三个月付一次还是半年一付？
4. 房租包括哪些费用？
5. 房租包括物业费、水费、电费在内吗？

☆练习一 Exercise 1☆

给出租房屋的人打电话问一下关于房租的问题。接电话的人根据下面两则广告回答。

Make a phone call to the landlord to ask about the rent. The house's information can be found in the following two advertisements.

 提示 Hints

求租者：喂，你好！是_____先生(/小姐)吗？
出租者：是的。您是哪位？
求租者：我姓_____，我看到你出租房屋的广告了，我想问一下……
……
……

广告一

出租房屋

东山区中山路20号天河小区，两室一厅，每月房租2600元，包括水电费、宽带费、有线电视费、物业费，月付。家电、家具齐全。附近有天河公园，周边环境优美，治安好。有意者请和我联系，看房请提前预约。
1361238651 陈小姐

广告二

地　　址	南开区安华里小区	价　　格	2800/月	房屋类型	普通住宅
户　　型	二室一厅一卫	朝　　向	东	楼　　层	5楼(共13层)
建筑面积	75平米	付租方式	季付	装修情况	精装修
基础设施	水、电、煤气、暖气、有线电视、宽带				
室内设施	电话、电视、冰箱、空调、热水器、家具				
说　　明	房租包括物业费、取暖费和有线电视费				
联系人	爱家房屋中介公司　李先生　58167711　58167712				

二、押金问题 About the deposit

1. 您要付5000元的(房屋)押金。
2. 你要付一个月的房租做押金，退房的时候我们会把押金退给你。
3. 用不用付押金？要付多少押金？
4. 要付多少钱的押金？押金退不退？押金最后还退给我吗？

☆练习二 Exercise 2☆
给房东打电话问一下押金问题，房东根据下面的广告回答。
Make a phonecall to the landlord to ask about the deposit. The house's information can be found in the following two advertisements.

☀ 提示 Hints

> 求租者：我还想问一下押金的问题。
> 房　　东：您请说。
> ……

广告一

地　址	天河区江南路256号安居家园	户　型	1室1厅1卫	租　金	1200元/月
装修程度	一般	房租结算	按月结算	楼层总数	6层
建筑面积	40平方米	租房押金	3000元	所在楼层	1层
设　施	电话、彩电、空调、热水淋浴器、洗衣机、煤气、有线电视、床				
交　通	50路、126路、726路、731路				
联系人	刘先生	电　话	13913903955		

广告二

> **房屋信息**
> 　　静安区东广路33号海珠花园小区2层3室1厅1卫,95,精装修,南北朝向。水、电、煤气、ADSL;电器、家具齐全。租金4500元/月,季付;押金为一个月房租,三个月起租。联系人:张小姐　81679321

 试一试 Let's try

你想租一套房子。看完房子以后你很满意,同房东商量一下房租问题。两个人一组进行练习,解决下面的问题:

You want to rent an appartment and you are satisfied with the one you have checked out. Now talk with your partner who is the landlord about the rent. You should solve the following matters:

(1)房租是多少、怎么付
(2)房租包括哪些费用,哪些费用要自己付
(3)押金问题
(4)什么时候可以住进来

☀ 提示 Hints

> A:房子都看完了,下面……
> B:……
> A:……

3

（商务写字楼招商）

招 商

东方商务写字楼，位于青年大街127号，东风桥往北50米，在城市商业中心区，临近地铁四号线，有多路公交车可以直达，地理位置好，交通便利。

写字楼建筑面积21,000平方米，地下两层，是车库和超市，有停车位188个；地上21层，单层建筑面积830平方米，一层是多功能商务会议中心，2层以上招商，租金为25美元/平方米/月。

写字楼配有电话、宽带网络、中央空调，附近有银行、邮局、超市和麦当劳等餐厅，能为您提供一个安全、舒适、便利的办公环境。现在已有多家著名企业入住。

招商电话：87821625
传真：87821626

生 词 New words

1. 写字楼	xiězìlóu	（名）	office building
2. 招商	zhāo shāng		to attract investment
3. 商业	shāngyè	（名）	business
4. 临近	línjìn	（动）	near to
5. 地理	dìlǐ	（名）	location
6. 车库	chēkù	（名）	parking garage
7. 多功能	duōgōngnéng	（形）	mutifunction
8. 配	pèi	（动）	to outfit, to equip
9. 网络	wǎngluò	（名）	network
10. 中央空调	zhōngyāng kōngdiào		central air-conditioning
11. 入住	rùzhù	（动）	to move in

填一填 Fill in the blanks

东方商务写字楼想在网上做招商广告,请你根据课文内容帮他们填写下面的表格。
Fill in the blanks to complete an online advertisement for Dongfang Office Building according to the text.

东方商务写字楼招商					
地址					
单层面积		建筑面积		租金	
车位		楼层	地下_____,地上_____		
设施					
周围环境	周围有银行、邮局、超市和多家餐厅				
交通情况					
联系方式	招商电话:87821625；传真:87821626				

说一说 Let's talk

你是写字楼招商办公室的员工,有人打电话了解写字楼的情况,请你告诉他。(你可以参考左边的提示,客户参考右边的提示)
You are in charge of the Office Building. A client calls to ask about the building's information. Here are some hints below.

 提示 Hints

员工

员工:喂,你好! 东方商务写字楼招商办公室。

客户:……

客户

员工:……

客户:喂,你好! 我听说你们正在招商,想了解一下写字楼附近的交通情况。

员工:……

客户:……

(其他情况:单层面积、租金、有没有停车位)

试一试 Let's try

你是中介公司的工作人员,向一家客户推荐这座写字楼。请你在两分钟时间内介绍一下东方商务写字楼的情况,主要包括以下几点:
You are a real estate agent. Recommend this office building to a client. Give the in-

troduction in two minutes. The following points should be included:

（1）地理位置
（2）交通情况
（3）建筑情况
（4）设施和周边情况

 提示 Hints

东方商务写字楼现在正在招商，我想您可能会有兴趣。
（1）这座写字楼位于青年大街，东风桥往北50米，……（位置怎么样）
（2）写字楼……（地铁），……（公交车），……（交通怎么样）
（3）这座写字楼一共21层，地下两层是……，有近200个……，一楼是……
（4）写字楼……（设施），周围有……，现在已经有多家知名公司……

 附 录 Appendix

租房协议

甲方(出租方)：　　　　　　　　　乙方(承租方)：
身份证号码：　　　　　　　　　　身份证号码：

一、甲方将位于＿＿区＿＿路＿＿号＿＿号楼＿＿单元＿＿户的房屋出租给乙方使用。乙方已对房屋做了充分了解，愿意承租该房。

二、双方议定的上述房屋租金为＿＿＿＿＿。租赁期限自＿年＿月＿日至＿年＿月＿日。租金每四个月付一次。另外，乙方需交纳押金＿＿＿＿。

三、乙方保证承租上述房屋仅做居住使用，因使用不当或其他人为原因使房屋或设施损坏的，乙方负责赔偿或修复。乙方将在租赁期满时把房屋交还给甲方。如需继续承租上述房屋或提前退房，应提前＿＿＿＿天与甲方协商。

四、乙方在租赁期间，水、电、煤气按实际使用量自付。卫生费、治安费、有线电视费、物业管理费等费用包含在房租里。水2.0元/吨，电0.6元/度，煤气1.2元/m³。水表数：＿＿＿＿吨，电表数：＿＿＿＿度，煤气数：＿＿＿＿m³。

五、要爱惜使用房内设施及物品,如有损毁,请按下列约定赔偿价格续)

物品名称	规格型号	数量	折价	物品名称	规格型号	数量	折价
电视				油烟机			
冰箱				热水器			
空调				饮水机			
洗衣机				沙发			

六、乙方不得利用租赁房屋从事违法、犯罪活动,不得影响邻里生活、休息。

七、违约责任　任何一方未能履行本协议规定,另一方有权解除本协议,所造成的损失由责任一方承担。

八、本协议一式＿＿＿＿份,双方各执＿＿＿＿份。

出租方(签章):　　　　　　　　　承租方(签章):

　　　　　　　　　　　　　　　　　　　　年　　月　　日

第十课

我想订一张飞机票

1

（火车票售票窗口）

男：你好！买两张14号去长沙的车票，一张卧铺和一张硬座。

女：到长沙有三趟车，两趟特快，一趟普快，您想坐哪趟？

男：这几趟车到长沙要多长时间？

女：特快要15个小时，普快20多个小时。

男：两趟特快什么时候发车？

女：一趟是T1次，13点发车；另一趟是T145次，15点发车。

男：嗯，我就买T145次，这趟车时间比较合适。

女：卧铺您想要上铺、中铺还是下铺？

男：中铺。

女：我重复一遍：14号T145次到长沙的硬卧中铺一张、硬座一张。没有问题的话就出票了。

男：没问题，出票吧。一共多少钱？

女：卧铺票是346元，硬座191，加上10块钱手续费，一共是547。

生词 New words

1. 售票	shòu piào		sell tickets
2. 卧铺	wòpù	（名）	berth on a train

3. 硬座	yìngzuò	（名）	hard seat
4. 趟	tàng	（量）	measure word used for trips, etc.
5. 特快	tèkuài	（名）	express（train）
6. 普快	pǔkuài	（名）	local（train）
7. 发车	fā chē		to depart
8. 上铺	shàngpù	（名）	upper berth
9. 出票	chū piào		to print a ticket

填一填 Fill in the blanks

今天我去火车票（　　　）窗口买到长沙的火车票，一共有三（　　　）火车到长沙，两趟（　　　），一趟（　　　）。我买的是T145次，（　　　）时间是下午3点，第二天早上6点到，我觉得这个时间挺合适。我买了一张（　　　）票346元，一张（　　　）191元。

练一练 Let's practise

一、特快、快速和普快 Different types of trains

> 1.（北京）到长沙有三趟车，两趟特快，一趟普快。
> 2. 到长沙有三趟车，T1次、T145次和1581次。

下面的表格介绍的是中国火车的分类情况，其中最常见的是动车组、特快列车（简称"特快"）、快速列车（简称"快车"）和普通列车（简称"普快"或"慢车"）。

中国列车分类			
类别	代码	类别	代码
动车组	D（DONG）	临时列车	L（LIN）/A
直达特快列车	Z（ZHI）	旅游列车	Y（YOU）
特快列车	T（TE）	普通列车	（四个数字）
快速列车	K（KUAI）		

☆练习一 Exercise 1☆
请你根据下面的火车时刻表，介绍一下两个城市之间的铁路交通情况。
According to the train schedules, give a brief introduction of different types of trains between two cities.
例：北京到长沙有三趟车，两趟特快，一趟普快，特快是T1次和T145次，普快是1581次。

时刻表一（上海—广州）

车次	始发站[1]	终点站	列车类型	出发站	发车时间	目的站	到达时间	用时
K47次	上海	广州	空调快速	上海	13:22	广州	17:51	28小时29分钟
K99次	上海	广东	空调快速	上海	10:24	广州东	10:51	24小时27分钟
1311次	南京西	广州	空调普速	上海西	14:49	广州	18:35	28小时29分钟

时刻表二（北京—南京）

车次	始发站	终点站	出发站	发车时间	目的站	到达时间	用时
1425次	北京	南京西	北京	16:09	南京	09:15	17小时06分钟
D61次	北京	上海	北京	15:00	南京	20:36	5小时36分钟
K45次	北京	福州	北京	10:08	南京	23:43	13小时35分钟
T65次	北京	南京西	北京	21:52	南京	08:40	10小时48分钟
Z49次	北京	南京	北京	21:44	南京	07:22	9小时38分钟

二、车次信息 Information about train travel

1. 这趟车的终点站(/始发站)是哪儿？
2. 两趟特快什么时候发车？
3. T1次几点发车？
4. T1次几点到长沙？
5. 这趟车到长沙要多长时间？

☆练习二 Exercise 2☆

两个人一组，一位是乘客，一位是火车站的乘务员。根据下面的表格，问一下乘务员车次信息，要求了解各车次的以下信息。

Work in pairs. You are the passenger and your partner is the train attendant. Based on the forms on the next page ask him/her about the train information.

[1] 始发站　shǐfāzhàn　（名）　starting station

（1）始发站/终点站
（2）发车时间
（3）到终点站的时间
（4）到终点站要多长时间

 提示Hints

乘客：你好，请问_____次……

表1

始发站	青岛	终点站	北京
车次	T196	运行时间	9小时14分
发车时间	20:36	到站时间	05:50
类型	空调特快	全程	890公里

表2

始发站	广州	终点站	上海
车次	1312	运行时间	32小时58分
发车时间	20:05	到站时间	05:03
类型	空调普快	全程	2141公里

表3

始发站	广州	终点站	上海
车次	K100	运行时间	23小时27分
发车时间	17:11	到站时间	16:38
类型	空调快速	全程	1918公里

表4

始发站	北京	终点站	西安
车次	Z19	运行时间	12小时30分
发车时间	20:28	到站时间	07:58
类型	空调直达	全程	1200公里

三、买火车票 Buying a railway ticket

1. 买两张14号去长沙的车票，一张卧铺和一张硬座。
2. 买一张T145次到长沙的卧铺(票)。
3. 买一张14号去长沙的T145次硬座(车票)。
4. 买一张14号去长沙的特快卧铺(票)。
5. 买一张到长沙的直达特快软卧(车票)。

☆练习三 Exercise 3☆
根据上面练习二中的表格，说一下你想买的车票，至少应该包括以下四方面内容。

According to the forms in exercise 2 above, talk about the ticket you want to buy. The following four points should be mentioned.

（1）几张　　　　　　（2）车次　　　　　　（3）目的地或日期
（4）硬座还是卧铺（卧铺又分为硬卧和软卧）

 试一试 Let's try

1. 下面是T31次（北京—杭州）的车次信息和票价情况。你到售票窗口买T31的车票，和你的同伴模仿课文内容进行对话。

Here is the train information of T31(from Beijing to Hangzhou). You are at the ticket window to buy a ticket. Work in pairs to make the conversation.

（1）说明日期、车次和目的地
（2）询问票价然后决定买硬座、软座还是卧铺
（3）售票员重复买票信息

站次	站名	到达时间	发车时间	硬座票价	软座票价	硬卧票价	软卧票价
1	北京	始发站	15:50	0	0	0	0
2	天津西	17:07	17:08	24	36	78	111
3	徐州	23:03	23:11	106	166	197	298
4	上海南	05:25	05:33	179	283	327	499
5	嘉兴	06:14	06:16	191	301	345	529
6	杭州	07:10	终点站	194	307	353	539

2. 你是经理秘书，经理要到上海出差，你帮他买火车票。下面几个车次都到上海，给经理介绍一下各个车次的情况，问一下经理的意见。和你的同伴进行对话，你们可以参考下面的提示。

Work in pairs. One partner plays manager, the other plays the manager's secretary. The secretary tells the manager the ticket information. Here are some hints for you both.

☆ 提示 Hints

秘书：经理，有4趟车到上海……（特快、普快等）
经理：……（问其中两个车次的发车时间和到达时间）
秘书：……
经理：……（决定车次）
秘书：……（问硬卧还是软卧，上铺还是下铺）
经理：……

车次	始发站	终点站	列车类型	出发站	发车时间	目的站	到达时间	运行时间
Z5次	北京	上海	直达特快	北京	19:14	上海	07:12	11小时58分钟
T31次	北京	杭州	空调特快	北京	15:50	上海西	05:06	13小时16分钟
T103次	北京	上海	空调特快	北京	19:51	上海	09:23	13小时32分钟
1461次	北京	上海	普快	北京	15:00	上海	12:30	21小时30分钟

2

女：你好！新时代票务中心。

男：你好！我想订一张7月14号从北京到东京的飞机票。

女：您要单程票还是往返票？

男：单程票，最好是上午的航班。

女：14号上午有两趟航班飞往东京，一趟是中国国际航空公司的CA925次航班，一趟是日本全日空航空公司的NH906次航班。

男：这两趟航班什么时候起飞？

女：CA925次航班9:20起飞，NH906次的起飞时间是11:00。

男：我坐11:00起飞的吧。

女：您想要经济舱还是头等舱？

男：经济舱。

女：7月14号NH906次航班经济舱单程票一张，您想现在出票还是以后出票？

男：以后出票。

女：好的，请您留下姓名、护照号码和联系方式。

生 词 New words

1. 单程票	dānchéngpiào	（名）	one way ticket
2. 往返票	wǎngfǎnpiào	（名）	return ticket
3. 航班	hángbān	（名）	flight
4. 起飞	qǐfēi	（动）	to take off
5. 经济舱	jīngjìcāng	（名）	economy class
6. 头等舱	tóuděngcāng	（名）	first class
7. 留下	liúxià	（动）	to leave

专 名 Proper noun

1. 新时代票务中心	Xīnshídài Piàowù Zhōngxīn	New Times Tickets Center
2. 中国国际航空公司	Zhōngguó Guójì Hángkōng Gōngsī	Air China International
3. 日本全日空航空公司	Rìběn Quánrìkōng Hángkōng Gōngsī	All Nippon Airlines

填一填 Fill in the blanks

今天我订了14号去东京的机票,是(　　　),不是往返票,没有要头等舱,订的是(　　　)。14号上午有两趟(　　　)从北京首都国际机场飞往东京,我订的是日本全日空航空公司的NH906次,(　　　)时间是11:00。

练一练 Let's practise

一、航班情况 Information about air travel

> 1.14号上午有两趟航班飞往东京,一趟是中国国际航空公司的CA925次航班,一趟是日本全日空航空公司的NH906次航班。
> 2.14号上午有两趟航班从北京到(/飞往)东京。
> 3.每天上午有两趟航班从北京首都国际机场飞往东京成田机场。

☆练习一 Exercise 1☆
下面是北京首都国际机场的航班信息,两个人一组做问答练习。

Below is the flight information from Beijing Capital International Airport. Work in pairs to practice questions and answers.

💡 提示 Hints

A₁: 我想问一下……到(/飞往)……的航班情况。
A₂: 请问……到……有没有上午(/晚上)的航班？
B : ……

航班号	航空公司	起飞城市	到达城市	起飞时间
BA38	英国航空公司	北京	伦敦	11:25
CA937	中国国际航空公司	北京	伦敦	13:45
SQ821	新加坡航空公司	北京	新加坡	00:05
SQ811	新加坡航空公司	北京	新加坡	08:45
CA969	中国国际航空公司	北京	新加坡	15:25
SQ801	新加坡航空公司	北京	新加坡	16:00
CA975	中国国际航空公司	北京	新加坡	23:30

二、航班信息 Information about air travel

1. CA925 次航班几点起飞？
2. CA925 次航班几点到东京？
3. CA925 次航班到东京要飞多长时间？
4. CA925 次航班当地时间 13:55 到达东京成田机场。

☆练习二 Exercise 2☆
根据下面的航班信息，问同伴下列问题。
According to the flight information below, ask your partner the following questions.

（1）起飞时间　　　　（2）到达时间　　　　（3）飞行时间

航班号	CA 1310
起飞城市	广州白云国际机场
起飞时间	08:35
到达城市	北京/首都国际
到达时间	11:30
飞行时间	02 小时 55 分钟
机型	738

航班号	CA 981
起飞城市	北京/首都国际 中国 (PEK)
起飞时间	13:00
到达城市	纽约/肯尼迪 美国 (JFK)
到达时间	14:30
旅程时间	13 小时 30 分钟
机型	744

注:时间是当地时间。

三、订飞机票 Making a reservation

1. 我想订一张7月14号(从北京)到东京的飞机票。
2. 我想订一张7月14号国航CA925次航班的机票。
3. 请问有上午(/下午)的航班吗?
4. 您要单程票还是往返票?
5. 您想要经济舱、头等舱还是公务舱?
6. 您想坐哪个航空公司的航班?

☆练习三 Exercise 3☆

两个人一组,打电话订下面一趟航班的机票。需要说明以下要点。

Work in pairs. Make a phone call to book a ticket. You need to cover the following points.

A:(1)几张、(2)日期、(3)航班;
B:(1)单程票还是往返票;(2)头等舱、公务舱还是经济舱。

 提示 Hints

你好! 我想订……

航班号	航空公司	起飞城市	到达城市	起飞时间
UA9435	美国联合航空公司	北京	纽约	13:00
BA38	英国航空公司	北京	伦敦	11:25

试一试 Let's try

你要从北京到韩国首都首尔(SEOUL),查下面的航班时刻表,先确定坐上午、下午还是晚上的航班,然后再决定坐哪趟航班。决定以后给票务公司打电话订机票。要求说明以下四点。

You buy a single ticket from Beijing to Seoul. Check the flight schedules below first, then make a phone call to a ticket center to book the ticket. The following four points should be included.

(1)日期
(2)航班
(3)单程票还是往返票
(4)头等舱、公务舱还是经济舱

 提示 Hints

A：喂，你好！新时代票务中心。
B：你好！我想……（说明日期、目的地）
A：……（简单介绍航班情况）
B：……（愿意坐上午、下午或者晚上的航班）
A：……（具体介绍某时段航班情况）
B：……（决定坐哪次航班）
A：……（单程票、经济舱等问题）
……
……

航班号	航空公司	起飞城市	到达城市	起飞时间
CZ317	中国南方航空公司	北京/首都国际机场	首尔/仁川机场	08:50
CA123	中国国际航空公司	北京/首都国际机场	首尔/仁川机场	08:55
MU5087	中国东方航空公司	北京/首都国际机场	首尔/仁川机场	11:35
KE852	大韩航空公司	北京/首都国际机场	首尔/仁川机场	11:55
KE880	大韩航空公司	北京/首都国际机场	首尔/仁川机场	13:50
CA125	中国国际航空公司	北京/首都国际机场	首尔/仁川机场	13:50
CZ315	中国南方航空公司	北京/首都国际机场	首尔/仁川机场	15:20
KE854	大韩航空公司	北京/首都国际机场	首尔/仁川机场	21:05
CA137	中国国际航空公司	北京/首都国际机场	首尔/仁川机场	21:25

3

（在机场）

史密斯：李主任，非常感谢您来机场送我。
李建明：史密斯先生，您太客气了。时间过得真快，一眨眼您就要回国了。
史密斯：是啊，时间过得太快了，还有很多名胜古迹我还没来得及参观呢。
李建明：这次您的日程安排得太紧了。不过没关系，我们双方建立了长期的合作关系，我想您以后会经常来北京出差的。

史密斯：希望是这样。虽然在北京只待了一个星期，但北京给我留下
了深刻的印象；同时非常感谢您的帮助，帮了我很多忙。

李建明：这都是我应该做的。您的登机手续都办完了吗？

史密斯：都办完了。我一共有三件行李，托运了两件，这个小箱子我
带上飞机。我买了很多纪念品和礼物，行李差点儿超重。

（广播：前往纽约的乘客请注意：您乘坐的CA981次航班现在开始登
机。请带好您的随身物品，出示登机牌，由12号登机口上飞机。祝您
旅途愉快。）

史密斯：我该上飞机了。

李建明：祝您一路平安！

史密斯：谢谢。再见！

生 词 New words

1. 眨眼	zhǎ yǎn		to blink
2. 待	dāi	（动）	to stay
3. 深刻	shēnkè	（形）	profound, deep
4. 登机	dēng jī		to board a plane
5. 托运	tuōyùn	（动）	to check one's baggage
6. 纪念品	jìniànpǐn	（名）	souvenir
7. 超重	chāozhòng	（动）	overweight
8. 乘客	chéngkè	（名）	passenger
9. 随身物品	suíshēn wùpǐn		personal belongings
10. 登机牌	dēngjīpái	（名）	boarding pass
11. 旅途	lǚtú	（名）	journey

填一填 Fill in the blanks

上个星期我到了北京，时间过得很快，一（　　）就要回国了。李
建明先生到机场来（　　）我，在北京期间他帮了我很多忙，真要好好
谢谢他。虽然我只在北京（　　）了一个星期，但是北京给我留下
了（　　）的印象，我喜欢这里。我有三件（　　），（　　）了两件，一
个小箱子（　　）飞机。我买了很多（　　）和礼物，办理（　　）手续
的时候，差点儿（　　）了。我们公司已经和五星集团（　　）了长期
的合作关系，希望以后能经常来北京（　　）。

 练一练 Let's practise

一、托运行李 At the check-in counter

> 1. 您有几件行李要托运?
> 2. 这两件行李您都要托运吗?
> 3. 这个大箱子要托运,小的我带上飞机。
> 4. 您的行李超重了,每位乘客免费托运的行李不能超过20公斤。
> 5. 您的行李超重5公斤。

☆练习一 Exercise 1☆

两个人一组进行练习。你是机场办登机手续的工作人员,面前的乘客有三件行李,问他(/她)怎么托运,告诉他(/她)行李多重并说明有没有超重。

You work at the check-in desk at the airport. Here is a passenger with three pieces of luggage to register. Tell him/ her how to check the luggage and whether they are overweight or not.

 提示 Hints

> A: 你好! 请出示护照和机票。……
> B: ……

二、送别用语 Farewell expressions

> 1. 祝您一路平安!　　　　2. 祝你一路顺利!
> 3. 祝你一路顺风!　　　　4. 祝你们旅途愉快!

☆练习二 Exercise 2☆

两个人一组练习送别时说的话。

Work in pairs. Practice saying good-bye.

 提示 Hints

> A: 我明天坐火车去上海(我明天回国,早上九点的航班)。
> B: ……

 说一说 Let's talk

你到中国出差,现在要回国了,中国公司的一位工作人员来机场送你,请你对他说几句话,要求有以下内容。

You are returning from a business trip to China. The manager of Chinese company comes to see you off. Please make a presentation covering the following points:

（1）感谢（期间、帮助、安排、周到）

（2）谈谈你的印象（对这个城市或他们公司）

（3）说说你的希望

时间：1分30秒。

试一试 Let's try

下面是几则机场通知，请你模仿例文，根据给出的情况说一说，看你的同伴能否听懂。

Here are three pieces of airport broadcast. Please work in pairs and make a new one according to the information given below.

一、登机通知 Information about boarding a plane

前往东京的乘客请注意：

您乘坐的NH906次航班现在开始登机。请带好您的随身物品，出示登机牌，由12号登机口上飞机。祝您旅途愉快。

谢谢！

☆练习一 Exercise 1☆

通知乘客下列航班开始登机。

Inform passengers that the following flights are boarding now.

航班号	航空公司	起飞城市	到达城市
BA38	英国航空公司	北京	伦敦
CA123	中国国际航空公司	北京	首尔

二、航班延迟 Information about flight delaying

前往东京的乘客请注意：

我们很抱歉地通知您，您乘坐的NH906次航班由于飞机在本站出现机械[1]故障[2]不能按时起飞，起飞时间推迟到13点30分。在此我们深表歉意，请您在候机厅休息，等候通知。如果您有什么要求，请与8号服务台工作人员联系。

谢谢！

---

[1] 机械　jīxiè　（名）　machine

[2] 故障　gùzhàng　（名）　breakdown

☆练习二 Exercise 2☆

通知乘客下列航班延迟。

Inform passengers that the following flights are delayed.

1. 起飞时间延迟 Departure time is delayed

航班号	起飞城市	到达城市	计划起飞时间	预计起飞时间	原因
CA933	北京	巴黎	12:35	14:00	机械故障

2. 到达时间延迟 Arrival time is delayed

航班号	起飞城市	到达城市	计划到达时间	预计到达时间	原因
KA996	香港	北京	20：00	20：40	天气原因

三、航班取消 Information about cancelling a flight

前往东京的乘客请注意：

　　我们很抱歉地通知您，您乘坐的NH906次航班由于天气原因决定取消今日飞行，请您改乘明日NH906次航班，起飞时间为11点。在此我们深表歉意。如果您有什么问题，请与6号服务台工作人员联系。

　　谢谢！

☆练习三 Exercise 3☆

通知乘客下列航班因为天气原因取消。

Inform passengers that the following flights are cancelled due to bad weather.

航班号	航空公司	起飞城市	到达城市	起飞时间
CA981	中国国际航空公司	北京	纽约	13：00
KE852	大韩航空公司	北京	首尔	11：55

 附　录 Appendix

世界主要国际航空公司表
Main International Airlines in the World

缩写	航空公司中文名称	航空公司英文名称
AC	加拿大航空公司	Air Canada
AF	法国航空公司	Air France
AY	芬兰航空公司	Finnair
BA	英国航空公司	British Airways
CA	中国国际航空公司	Air China International
CZ	中国南方航空公司	China Southern Airlines
GA	印尼航空公司	Garuda Indonesia

（续表）

HU	海南航空公司	Hainan Airlines
JL	日本航空公司	Japan Airlines
KA	港龙航空公司	Dragon Air
KE	大韩航空公司	Korean Air
KL	荷兰皇家航空公司	KLM-Royal Dutch Airlines
LH	德国汉莎航空公司	Lufthanasa German Airlines
LX	瑞士国际航空公司	Swiss International Airlines
MU	中国东方航空公司	China Eastern Airlines
NH	全日空	All Nippon Airways Co. Ltd.
NW	美国西北航空公司	Northwest Airlines
OS	奥地利航空公司	Austrian Airlines
OZ	韩亚航空公司	Asiana Airlines
RO	罗马尼亚航空公司	TAROM
SK	北欧航空公司	SAS
SQ	新加坡航空公司	Singapore Airlines
SR	瑞士航空公司	Swissair
SU	俄罗斯航空公司	Aeroflot Russian International
TG	泰国国际航空公司	Thai Airways International
TK	土耳其航空公司	Turkish Airlines
UA	美国联合航空公司	United Airlines
VN	越南航空公司	Vietnam Airlines

生词总表

肥	féi	6-1
分机	fēnjī	3-3
粉色	fěnsè	6-1
符合	fúhé	9-1
付款	fù kuǎn	6-2
负责	fùzé	1-3
附近	fùjìn	7-1
副	fù	1-2

G

改	gǎi	4-1
个人	gèrén	6-2
公关部	gōngguānbù	1-1
功能	gōngnéng	8-3
购物券	gòuwùquàn	6-3
拐	guǎi	7-1
关照	guānzhào	1-1

H

航班	hángbān	10-2
豪华	háohuá	2-3
号	hào	6-1
合	hé	5-2
合适	héshì	6-1
合作	hézuò	4-3
红绿灯	hónglǜdēng	7-1
护照	hùzhào	2-2
换乘	huànchéng	7-2
换钱	huàn qián	8-2
回（电话）	huí(diànhuà)	3-1
汇率	huìlǜ	8-2
活期	huóqī	8-1
获得	huòdé	1-3

J

即	jí	7-3
急事	jíshì	4-2
集团	jítuán	1-1
#号	jǐnghào	3-2
记	jì	3-1

纪念品	jìniànpǐn	10-3
家电	jiādiàn	9-1
见面	jiàn miàn	4-1
交通	jiāotōng	2-3
接风	jiē fēng	5-1
金额	jīn'é	8-1
紧	jǐn	4-3
经济舱	jīngjìcāng	10-2
举办	jǔbàn	6-3
举杯	jǔbēi	5-3
举行	jǔxíng	4-3
据	jù	8-3

K

咖啡色	kāfēisè	6-1
开发	kāifā	7-3
烤鸭	kǎoyā	5-2
客房	kèfáng	2-3
客户	kèhù	2-1
空房	kōngfáng	2-1
口味	kǒuwèi	5-2
宽敞	kuānchang	9-1

L

老字号	lǎozìhào	5-2
例如	lìrú	3-3
良好	liánghǎo	5-3
临近	línjìn	9-3
留下	liúxià	10-2
留言	liú yán	3-1
路线	lùxiàn	7-3
旅途	lǚtú	10-3

M

贸易	màoyì	1-1
煤气	méiqì	9-2
免费	miǎnfèi	2-3
面积	miànjī	6-3
名片	míngpiàn	1-1
名胜古迹	míngshèng gǔjì	1-2

N

内线	nèixiàn	3-2

P

派	pài	1-1
陪	péi	4-3
培训	péixùn	4-3
配	pèi	9-3
普及	pǔjí	8-3
普快	pǔkuài	10-1

Q

期间	qījiān	1-1
齐全	qíquán	9-1
起飞	qǐfēi	10-2
洽谈	qiàtán	5-3
签名	qiān míng	2-2
前台	qiántái	2-1
歉意	qiànyì	4-2
区号	qūhào	3-3
取消	qǔxiāo	4-2
全体	quántǐ	5-3

R

热烈	rèliè	1-2
日程	rìchéng	4-1
荣幸	róngxìng	5-1
如下	rúxià	3-3
入席	rù xí	5-2
入住	rùzhù	9-3
软件	ruǎnjiàn	7-3

S

商务	shāngwù	2-1
商业	shāngyè	9-3
上铺	shàngpù	10-1
上网	shàng wǎng	2-3
稍等	shāoděng	2-2
稍微	shāowēi	6-1
设置	shèzhì	3-2
申请	shēnqǐng	8-1
深	shēn	6-1
深刻	shēnkè	10-3
盛情	shèngqíng	5-1
市场部	shìchǎngbù	4-3
市内	shìnèi	3-2
试穿	shìchuān	6-1
收费	shōu fèi	3-2
收银台	shōuyíntái	6-2
手续	shǒuxù	2-2
售票	shòu piào	10-1
瘦	shòu	6-1
舒适	shūshì	9-2
刷卡	shuā kǎ	6-2
双方	shuāngfāng	5-3
顺便	shùnbiàn	2-2
顺利	shùnlì	1-2
顺着	shùnzhe	7-1
硕士	shuòshì	1-3
随身物品	suíshēn wùpǐn	10-3

T

趟	tàng	10-1
讨论	tǎolùn	4-3
套	tào	6-2
套间	tàojiān	2-1
特快	tèkuài	10-1
提供	tígōng	2-3
提升	tíshēng	1-3
天桥	tiānqiáo	7-1
填	tián	8-1
厅	tīng	9-1
停车位	tíngchēwèi	6-3
通	tōng	3-2
通知	tōngzhī	4-2
统计	tǒngjì	8-3
头等舱	tóuděngcāng	10-2
推荐	tuījiàn	5-2
退房	tuì fáng	2-2
托运	tuōyùn	10-3

W

外线	wàixiàn	3-2
晚点	wǎndiǎn	1-1
晚宴	wǎnyàn	5-1
网络	wǎngluò	9-3
往返票	wǎngfǎnpiào	10-2
位于	wèiyú	2-3
卧铺	wòpù	10-1
五星级	wǔxīngjí	2-3
物业	wùyè	9-2

X

鲜艳	xiānyàn	6-1
限制	xiànzhì	8-1
响	xiǎng	3-2
象征	xiàngzhēng	8-3
消费	xiāofèi	6-3
消息	xiāoxi	4-2
小票	xiǎopiào	6-2
协议	xiéyì	9-2
写字楼	xiězìlóu	9-3
行李	xíngli	1-1
幸会	xìnghuì	1-1
选择	xuǎnzé	7-3
学位	xuéwèi	1-3

Y

押金	yājīn	9-2
沿	yán	7-3
宴会	yànhuì	4-3
邀请	yāoqǐng	5-1
要求	yāoqiú	2-1
业绩	yèjì	1-3
业务	yèwù	1-3
业务员	yèwùyuán	9-1
一律	yílǜ	6-3
银行卡	yínhángkǎ	8-3
印象	yìnxiàng	1-2

营业	yíngyè	6-3
硬座	yìngzuò	10-1
优势	yōushì	8-3
友谊	yǒuyì	5-2
预订	yùdìng	2-1
员工	yuángōng	4-3
原价	yuánjià	6-2
约	yuē	4-1

Z

增加	zēngjiā	8-3
眨眼	zhǎ yǎn	10-3
占线	zhàn xiàn	3-1
账户	zhànghù	8-1
招商	zhāo shāng	9-3
真诚	zhēnchéng	7-3
证件	zhèngjiàn	8-1
直达	zhídá	7-2
至	zhì	7-3
治安	zhì'ān	9-2
中介	zhōngjiè	9-1
中央空调	zhōngyāng kōngdiào	9-3
终点站	zhōngdiǎnzhàn	7-2
重视	zhòngshì	5-3
周到	zhōudào	5-1
主任	zhǔrèn	1-1
祝酒辞	zhùjiǔcí	5-3
转	zhuǎn	7-3
转	zhuǎn	3-1
转告	zhuǎngào	3-1
装修	zhuāngxiū	9-2
咨询	zīxún	6-3
自驾车	zì jià chē	7-3
总裁	zǒngcái	1-2
租	zū	9-1
租金	zūjīn	9-2
醉	zuì	5-2
尊敬	zūnjìng	3-3

专名总表